Daniel Gerber
Fünfzehn Dollar für ein Leben

Zu diesem Buch

Helena Adelino wird als Sechsjährige zur Sklavin gemacht. Schläge und Angst prägen von nun an ihr Leben. Die «ganz gewöhnlichen Teenagersorgen» kann es für sie nicht geben. Stattdessen wird sie vom Sohn ihres Meisters vergewaltigt und später wie ein Stück Vieh an einen neuen Besitzer weiterverschachert. Sie wird mit ihm verheiratet und gebiert ihm vier Kinder. Helena wird zum Opfer von Psychoterror und Gewalt. Ja, das Leben präsentiert sich ihr als Hölle. Doch mit 24 Jahren gelingt ihr die Flucht ...

Es war ein christliches Hilfswerk, das den Sklaverei-Skandal im Sudan aufdeckte und ins Bewusstsein der Weltöffentlichkeit brachte. «Christian Solidarity International», das humanitäre Hilfswerk von Pfarrer Hansjürg Stückelberger, hat bis zum heutigen Tag 84 000 Sklaven (!) freigekauft und wenn immer möglich registriert. So entstand Druck auf die sudanesische Regierung, und mehrere Tausend Unterjochte wurden in der Folge freigelassen. Aber noch immer vermutet man im Sudan Hunderttausende von Sklaven.

Der Autor

Daniel Gerber, 30, ist freier Journalist und Redakteur (u. a. für die Berner Zeitung, für ERF, Radio 32 und Livenet.ch) sowie aktueller Buch-Autor («Esoterik – die unerfüllte Suche», «Irak: Schüsse im Paradies»). Er ist verheiratet mit Irene und wohnt in der Nähe von Bern. Daniel Gerber reiste im Auftrag des Brunnen Verlags zwei Mal in das sudanesische Krisengebiet, wo er unter anderem auch die ehemalige Sklavin Helena Adelino kennen lernte und mehrfach interviewen konnte.

Daniel Gerber

Fünfzehn Dollar für ein Leben

Helena war Sklavin im Sudan. Sie wurde verschleppt, verkauft und misshandelt. Ihr Schreien verhallte jahrelang ungehört, bis eines Tages die Wende kam …

Ein Buchprojekt in Zusammenarbeit mit «Christian Solidarity International»

Brunnen Verlag · Basel und Gießen

ABCteam-Bücher erscheinen in folgenden Verlagen:

Aussaat Verlag Neukirchen-Vluyn
R. Brockhaus Verlag Wuppertal
Brunnen Verlag Basel und Gießen
Christliches Verlagshaus Stuttgart
Oncken Verlag Wuppertal und Kassel

Bibliografische Information der Deutschen Bibliothek
Die Deutsche Bibliothek verzeichnet diese Publikation in der Deutschen Nationalbibliografie; detaillierte bibliografische Daten sind im Internet über http://dnb.ddb.de abrufbar.

Mitarbeit und Lektorat:
Annedore E. Gisbert, Neckarsteinach

2. Auflage 2005

Umschlag: Michael Basler, Lörrach
Fotos Umschlag und Innenteil: Daniel Gerber
Satz: Bertschi & Messmer AG, Basel
Druck: Bercker, Kevelaer
Printed in Germany

ISBN 3-7655-3843-4

Inhalt

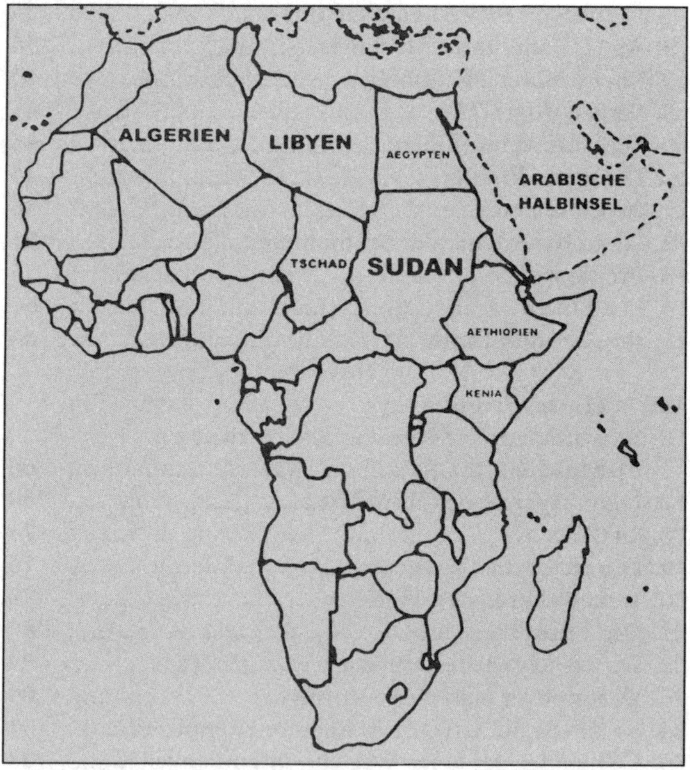
ALGERIEN
LIBYEN
AEGYPTEN
ARABISCHE
HALBINSEL
TSCHAD
SUDAN
AETHIOPIEN
KENIA

Afrika

Vorwort von Pfr. Hansjürg Stückelberger

Wir konnten es zuerst kaum glauben. Für die unschuldigen Opfer des Krieges zwischen dem muslimischen Nordsudan und den christlichen bzw. animistischen Schwarzafrikanern im Süden unter der Führung der Rebellenarmee (SPLA, Sudanese People's Liberation Army) hatten wir mehrere Jahre lang humanitäre Hilfe geleistet. Da brachte im Frühling 1995 ein Team von CSI («Christian Solidarity International») aus dem Bahr-el-Ghazal-Gebiet, wo Nord und Süd zusammenstoßen, diese Nachricht mit:

«Die muslimischen Araber überfallen südsudanesische Dörfer und machen schwarzafrikanische Christen und Animisten zu Sklaven.» Und: «Einigen Familien ist es gelungen, ihre versklavten Angehörigen freizukaufen!»

Nachdem unsere Abklärungen dies bestätigt hatten, stand für uns fest: Hier sind wir als christliche Menschenrechtsorganisation total gefordert. Wir werden alles in unseren Kräften Stehende tun und nicht ruhen, bis alle Sklaven frei sind.

Mit kleinen Flugzeugen reisten unsere Teams in das Kriegs- und Krisengebiet, ohne Genehmigung aus der Hauptstadt Khartum, immer in der Gefahr, von der sudanesischen Luftüberwachung entdeckt zu werden. Im Verlauf der Jahre gelang es uns in Zusammenarbeit mit lokalen Vertretern der Kirchen und der Ortsbehörden, ein Netzwerk von arabischen Rückführern aufzubauen, die die Sklaverei ebenfalls bekämpften. Oft kauften sie die Versklavten unter eigener Lebensgefahr den Besitzern im Norden ab oder verhalfen ihnen zur Flucht. Meist brachten sie ihre Freigekauften in heimlichen Nachtmärschen in den Süden, wo diese von der lokalen Bevölkerung empfangen und verpflegt wurden. Unsere Vertrauensleute bereiteten an vereinbarten Orten diese Freikauf-Aktionen vor. Unter der Leitung der CSI-Mitarbeiter Dr. John Eibner und Gunnar Wiebalck, die über sechzig Mal in den Sudan gereist sind, gelang es CSI, mehr als 80 000 Versklavte, vor allem Frauen und Kinder, freizukaufen.

Internationaler Druck führte 2002 dazu, dass viele Sklaven von ihren Besitzern ohne Bezahlung freigelassen wurden und dann völlig mittellos heimgehen mussten. Seither leistet CSI Starthilfe für diese Zurückgekehrten.

Viele haben behauptet, die Freikäufe seien ein Anreiz für neue Sklavenraubzüge. Tatsächlich war das Gegenteil der Fall. Hauptmotiv für die Versklavungen war nicht etwa – wie wir westlich-materialistisch denkenden Menschen meinen – die Gewinnung billiger Arbeitskräfte. Die Männer wurden in der Regel bei den Überfällen sofort erschossen, denn sie eigneten sich nicht für die Sklaverei. Sklavenjagden waren vielmehr Bestandteil des Heiligen Krieges (Dschihad), den die Regierung in Khartum der christlichen und der animistischen Bevölkerung des Südsudans erklärt hat. Ihr Ziel war und ist es, den ganzen Sudan und anschließend ganz Ostafrika der Scharia zu unterwerfen. Durch Krieg, künstlich geförderte Hungersnöte und Sklavenraub sollte eine menschenleere Region geschaffen werden, in die die muslimischen Araber nachstoßen sollten. Tatsächlich haben über zwei Millionen Menschen bei diesem mörderischen Krieg ihr Leben verloren, etwa vier Millionen sind aus ihren Dörfern vertrieben worden. Gemäß der Scharia ist in Kriegszeiten die Versklavung von Nichtmuslimen ausdrücklich erlaubt.

Da wir sehr bald im Bahr el-Ghazal Satellitentelefone einsetzten, wussten wir immer als Erste über neue Sklavenjagden Bescheid. Das Resultat ist völlig eindeutig: Je mehr Sklaven CSI freikaufte, desto weniger Überfälle gab es. Hauptgrund dafür: Die SPLA schützte die dortige Bevölkerung besser. Fast jede dieser Freikauf-Aktionen ist von unabhängigen Journalisten beobachtet und dokumentiert worden.

Die Arbeit der Übersetzer bei den Interviews mit den Freigekauften ist von den Medien immer wieder kontrolliert worden. Unter denen, die die CSI-Sklavenfreikauf-Aktionen im Sudan begleiteten, waren Vertreter folgender Medienhäuser: «Associated Press Nairobi», «Boston Globe Magazine», «Central Broadcasting Service» (CBS), «Channel Nine News Australia», «Die Welt», «Facts», «Journal de Montreal», «Le Monde», «Le Point», «L'Illustré», «Marie Claire», «Neue Zürcher Zeitung», «News» (größtes Nachrichtenmagazin Österreichs), «Newsweek», «Paris Match», «Süddeutsche Zeitung», «The Daily Telegraph», «The London Free Press», «The Times» (London), «TV France 3» und «ZDF». Alle Journalisten, die im Sudan vor Ort Zeugen unserer Arbeit wurden, haben sowohl die Tatsache der Sklaverei als auch die Integrität unserer Arbeit bestätigt.

Einige Organisationen warfen CSI vor, wir betrieben Menschenhandel und unsere Freikäufe wären eine schwere Verletzung der Menschenwürde. Diesen Vorwurf halte ich, gelinde gesagt, für absurd. Wir haben ja im Gegenteil den durch Sklaverei erniedrigten Leuten ihre Menschenwürde zurückgegeben. Der Freikauf von Sklaven ist im Übrigen eine christliche Tradition, die schon im Altertum begann. Im 12. Jahrhundert kam es zur Gründung der Orden der Trinitarier und der Mercedarier, die sich mit großer Hingabe dem Freikauf von christlichen Sklaven aus muslimischer Herrschaft widmeten. Da im 16. und 17. Jahrhundert muslimische Überfälle, verbunden mit Sklavenraub, im Mittelmeerraum sehr häufig waren, beteiligten sich in dieser Zeit auch die Regierungen der betroffenen Regionen und der Vatikan an den Freikäufen.

Verständlicherweise war die sudanesische Regierung wegen der Publizität, die die vielen Medienberichte über diese Sklavenfreikäufe auslösten, nicht gerade erbaut. Sie entfesselte eine Verleumdungskampagne und erklärte CSI zum Feind des Islam. Bei Luftangriffen auf zurückkehrende Sklaven und auf unser Lager im Bahr el-Ghazal kamen mehrere Schwarzafrikaner ums Leben.

Eine besonders unrühmliche Rolle spielte in diesem Zusammenhang die UNO. CSI hatte bei der Menschenrechtskommission der UNO den Beobachterstatus erhalten. Vor dieser Kommission konnten wir bei den alljährlichen Sitzungen in Genf nachweisen, dass die sudanesische Regierung diese Sklavenjagden tatkräftig gefördert hat und damit ein Verbrechen gegen die Menschlichkeit unterstützte. Der sudanesischen Regierung gelang es schließlich unter einem Vorwand, CSI ihren Beobachterstatus aberkennen zu lassen.

Bei der Stimmabgabe spielten offensichtlich wirtschaftliche Überlegungen eine wichtigere Rolle als der Schutz der Menschenrechte bzw. der Schutz der versklavten und geschundenen Bevölkerung im Sudan. In der Zwischenzeit war dort Öl entdeckt worden, und das hat offensichtlich auch europäische Staaten wie Frankreich, Italien und Spanien bewogen, sich bei der Abstimmung der Stimme zu enthalten. Nur 14 Staaten stimmten gegen den Ausschluss von CSI, 26 Staaten (vor allem aus der Dritten Welt) waren dafür, und 12 enthielten sich der Stimme.

Die CSI hat sich durch diese Behinderungen nicht von ihrer Hilfe für die freigelassenen Sklaven abbringen lassen. Das entspricht einer dringenden Bitte von sudanesischen Persönlichkeiten, darunter der katholische Bischof Macram Max Gassis. Er erklärte anlässlich der 25-Jahr-Feier von CSI in Zürich: «Ich möchte die Gelegenheit wahrnehmen, um Ihnen im Namen der zahlreichen Kinder zu danken, die als Kinder Gottes aus der Sklaverei befreit wurden. Ich danke Ihnen im Namen der Eltern der befreiten Kinder, ihrer Verwandten und der Angehörigen ihrer Volksgruppen.» Und der anglikanische Pfarrer Santino Bol sagte: «CSI ist für uns ein Segen. Gott hat uns CSI geschenkt, damit unsere Kinder, Frauen, Brüder und Väter aus der Sklaverei gerettet werden.»

In Daniel Gerber, dem Autor dieses Buches, haben die ehemals Versklavten einen mutigen Fürsprecher erhalten. Er hat mehrere CSI-Reisen in die Krisenregion begleitet und dabei das Leben im Zelt, ohne Strom und Wasser, bei vierzig Grad Hitze und mit Wolken von Moskitos auf sich genommen. Mit seinem Bericht hat er den Christen und den Animisten im Südsudan, die so Unvorstellbares gelitten haben, ein Denkmal gesetzt und ein Zeugnis von christlicher Liebe und Solidarität gegeben.

Dem Brunnen Verlag gebührt ein besonderer Dank für dieses Buch. Es ist ein bleibendes Zeitdokument für die Tatsache der Sklaverei im Sudan im 20. und 21. Jahrhundert. Und es ist zugleich ein wichtiger Beitrag zur Diskussion über das biblische Verständnis der Menschenwürde und über das Menschenbild im Islam. Dieser Bericht ist geeignet, zu einem geschärften Urteil über das Verhältnis des Christentums zum Islam beizutragen.

Im Januar 2005

Pfarrer Hansjürg Stückelberger,
«Christian Solidarity International»

Prolog

«Catch me if you can!» – «Fang mich, wenn du kannst!» Helena Adelino liebte dieses Spiel. Oft jagten sie und ihre Freundinnen hintereinander her.

«Ich war gut in diesem Spiel», erinnert sich heute die zierliche junge Frau. «Ich legte mich hinter einem Baum oder einem Erdhügel auf die Lauer und schnappte diejenigen, die vorbeikamen.»

Es war eine typische Kindheit im Sudan. Bestimmt von dem, was Kindheit eben ausmacht: spielen, toben, in den Kindergarten gehen und fest eingebunden sein in eine traditionelle Familienstruktur. Die ersten Lebensjahre von Helena verliefen völlig normal. Sie hatte ein paar ältere und einige jüngere Schwestern, und sie musste erste kleine Arbeiten im Haushalt übernehmen.

Sie lebte wie viele tausend andere Kinder auch – sicher, geborgen und glücklich. Doch eines Morgens, als das Städtchen Wau samt Helena noch im Tiefschlaf liegt, beginnt das Unvorstellbare seinen Lauf zu nehmen: Schüsse peitschen durch die Nacht, Flammen flackern an den ersten entzündeten Häusern hoch, und immer mehr Schreie gellen durch die Dunkelheit. Ein unglaubliches Chaos bricht aus, während der Rauch langsam zum Himmel steigt. Sklavenjäger sind dabei, die aus dem Schlaf gerissene Ortschaft dem Erdboden gleichzumachen. Schnell, laut, heimtückisch.

Auch Helena schreckt aus dem Schlaf hoch und befindet sich schlagartig in einem real gewordenen Alptraum. Sie taumelt verwirrt aus dem Haus. Wie in Trance rennt sie los. Die ungewaschenen Männer, die hier den Menschen auflauern, wollen nicht «Catch me if you can» spielen. Und Helena gehört diesmal auch nicht zu den Gewinnern. Sie rennt Richtung Stadtrand, doch noch ehe sie ihn erreichen kann, ist ihr ebenso verzweifelter wie völlig sinnloser Fluchtversuch zu Ende. Sie wird gepackt.

Es sind Regierungsmilizen, die das kleine Mädchen und

möglichst viele andere Kinder vom schwarzafrikanischen Süden in den arabisch-muslimischen Norden verschleppen wollen. Die panischen Rufe und Todesschreie würden jedem anderen tief unter die Haut gehen. Doch diese Männer juckt das nicht. Denn sie sind es gewohnt. Und die trockenen Hütten brennen schon lichterloh …

Die sechsjährige Helena sieht, wie die Milizen Khartums wüten und morden. Sie sieht, wie andere Menschen umgebracht werden. Die Männer werden niedergemetzelt. Die Frauen und Kinder gekidnappt. Vom Schicksal ihrer Familie bekommt Helena nichts mit. Wo ihre Eltern und Geschwister sind, kann sie in dem Chaos nicht ausmachen. Nur einen ihrer Onkel sieht sie. Doch bevor sie sich freuen kann, geschieht etwas Grauenhaftes: Er wird vor ihren wachen Kinderaugen erschossen. Sie selbst wird bald darauf als Sklavin verkauft.

Damit hatte man die sechsjährige Helena definitiv ihrer Kindheit beraubt …

Teil 1: Helenas Geschichte

1. Eine abenteuerliche Reise in den Sudan

Irgendwie habe ich den ersten Flug ohne größere Übelkeit hinter mich gebracht. Und das nicht zuletzt wegen einer kleinen, harmlos aussehenden Tablette, die Cindy Castano mir vor dem Abflug in Zürich kichernd in die Hand drückte. Nach der Landung in Kenia wird mir die amerikanische Journalistin sagen, dass es sich um eine Hormontablette handelt, die den weiblichen Organismus stabilisiert ... oder so ähnlich. Na ja. Jedenfalls fühle ich mich auch irgendwie stabilisiert. Normalerweise wird mir ja schon auf einer Schaukel schlecht.

Die letzten Strahlen der Sonne tauchen Ostafrika in ein oranges Licht, während unsere Maschine in hohem Tempo auf dem Internationalen Flughafen von Nairobi aufsetzt. Weil die kenianische Hauptstadt so hoch liegt (auf 1670 Metern über dem Meeresspiegel), müssen hier alle Flugzeuge mit großen Geschwindigkeiten starten und landen. Sonst würden sie in der dünnen Luft wie Blei-Enten vom

Himmel fallen – beziehungsweise gar nicht erst abheben können.

Die Suche nach einem Taxi stellt sich als nicht gerade einfach heraus, denn eine riesige Horde wild gestikulierender Fahrer bietet uns mit Händen und Füßen und lautem Geschrei ihre Dienste an. Wir kämpfen uns aber zu einem großen englischen Taxi durch, in das wir und unser ganzes Gepäck ganz bestimmt hineinpassen.

Wir – das sind die beiden CSI-Mitarbeiter John Eibner und Gunnar Wiebalck, Cindy Castano, die für «National Geographic» einen Film drehen will, und ich, Daniel Gerber, meines Zeichens Ehemann, Journalist und Buchautor.

Beim Näherkommen entpuppt sich unser auserkorenes Vehikel jedoch als Rostlaube, die schon deutlich bessere Tage gesehen hat. Nicht nur, dass die Frontscheibe ein Spinnennetz von Rissen ziert. Nein, der Wagen ist auch noch an einigen Stellen notdürftig mit Klebeband ausgebessert worden. Wobei wahrscheinlich das Klebeband dasjenige Material ist, das das Ganze noch zusammenhält …

Auf der Fahrt durch die smoggeschwängerte Innenstadt konzentriert sich unser Fahrer eigentlich nur auf zwei Dinge: aufs Brechen aller grundlegenden Verkehrsregeln und auf die dauernde Zusicherung, er würde uns auch am nächsten Tag mit Freuden wieder zur Verfügung stehen.

Nach einer halsbrecherischen Fahrt treffen wir in einem traumhaften Hotel ein, dessen Sicherheitsvorkehrungen meines Erachtens denen von Fort Knox ähneln. Sogar der rostige Unterboden unseres Fahrzeugs wird mit Hilfe von Spiegeln nach möglichen Waffen und Drogen abgesucht.

Als wir später noch zusammensitzen und den Tag Revue passieren lassen, wundere ich mich etwas über diese strikten Maßnahmen der Sicherheitsleute, bekomme aber glaubhaft versichert, dass das nötig wäre. Denn die Metropole Nairobi versinkt schier in einem Sumpf von Kriminalität. Und am anderen Morgen müssen wir in der Zeitung lesen, dass soeben wieder vier Menschen umgebracht wurden. Wegen vierhundert kenianischer Schillinge. Das sind nicht einmal zehn Euro. Bis dahin mischt uns aber Gunnar mit einigen Geschichten von Sklavenhändlern im Sudan auf, die den Überfallenen die Kehlen durchgeschnitten hätten. Einigermaßen beunruhigt gehen wir dann später auf unsere Zimmer. Oder bin nur ich so wackelig? Vielleicht sind das ja aber auch die Nachwehen der kleinen weißen Pille.

Meine schlimmste Befürchtung ist aber nicht eingetroffen. Ich muss nicht sofort von Nairobi mit irgendeiner Chartermaschine weiter in die Steppe fliegen und irgendwo in der Wildnis in einem Zelt schlafen, das ich gegen Moskitos, Schlangen und anderes Getier verteidigen muss. Ich darf den Luxus eines Hotelzimmers genießen, in dem das Fernsehprogramm per Lautsprecher sogar ins Badezimmer übertragen wird. Und es gibt sogar fließendes Wasser …

Doch morgen wird dieser Luxus ein Ende haben. Dann geht es mit dem ersten Flug zur Landesgrenze und hinterher mit einer anderen Maschine in die Weiten Ostafrikas.

Bis nach Mitternacht überarbeite ich meinen Katalog von mehreren Hundert Fragen, die ich einer ehemaligen Sklavin stellen möchte. Wer das sein wird, weiß ich allerdings selbst noch nicht. Doch soweit mir bekannt ist, gibt es unzählige Frauen, die mir meine Fragen beantworten können werden.

Die Hotellobby, in der ich um viertel nach sieben warte, ist trotz emsigen Treibens eine Oase der Ruhe. Einige Einheimische lesen mit gelangweilten Mienen die Tageszeitung, noch ein wenig schlaftrunkene Gäste checken am Empfang aus, und das Personal des Serena-Hotels – eines der wenigen wirklich sicheren in der Stadt – wirbelt emsig umher, seine mannigfaltigen Aufgaben erledigend.

Cindy lässt sich als Erste von den anderen blicken. Sie reißt mich mit einem putzmunteren «Good morning, Daniel» aus meinen Gedanken. Sie lässt mich wissen, dass sie seit vier Uhr in der Frühe nicht mehr habe schlafen können. Gunnars Schilderungen der brutalen Überfälle haben also auch sie ziemlich beunruhigt. In Gedanken sah sie unseren kleinen Trupp schon in die Hände einiger gewalttätiger Milizen fallen.

Aber auch bei mir hatte sich der Schlaf kaum blicken lassen: Ich sah unseren Flieger an einer namenlosen Sanddüne im weiten sudanesischen Niemandsland zerschellen.

Vorerst haben wir aber noch keine Gelegenheit zu irgendwelchen Abstürzen. Nachdem uns ein Hotelbus zum Inlandsflughafen von Nairobi gebracht hat – ja, ein Bus, denn auf die verkehrstechnischen Nahkampfkünste unseres Vortags-Chauffeurs wollten wir dann doch verzichten –, sitzen wir nun hier fest. Eine für mich undurchschaubare Bürokratie zögert unseren Flug Stunde um Stunde hinaus.

Gunnar Wiebalck nutzt die Zeit, um mich über die gegenwärtige Situation im Sudan zu unterrichten. Die fünfhundert freigelassenen Sklaven, die die Leute von CSI («Christian Solidarity International») treffen wollen, sind noch in Meiram, im Nordteil des Landes. Der Weg in die Freiheit ist noch immer ein Horrortrip für sie. Muslimische Milizen halten sie fest und bedrohen sie. Seit über einer Woche schweben diese über Jahre hinweg ausgebeuteten Menschen erneut im Ungewissen. Doch nun, auf den internationalen Druck hin, wird man sie endgültig freilassen, und die Mitarbeiter von CSI wollen sie in Warawar empfangen, das etwa einhundert Kilometer von Meiram entfernt liegt. Wir sind eigentlich auf dem Weg nach Mabil, das in der Nähe von Warawar liegt. Eigentlich ... Aber diese Bürokraten der Chartergesellschaft lassen uns weiterschmoren.

Der Sekundenzeiger schleicht über das Zifferblatt der Uhr. Der große Minutenzeiger scheint sich gar nicht erst zu bewegen, vom kleinen Zeiger ganz zu schweigen. Viertel nach zehn. Gunnar beginnt zu rechnen. Klar ist: Wenn wir nicht demnächst nach Lokichoggio im Nordwesten Kenias abheben, dann wären wir nicht vor zwei Uhr mittags auf diesem kleinen Steppenflughafen, der nur zwanzig Kilometer vom Sudan entfernt liegt. Und dann würde es uns auch nicht mehr für den Weiterflug reichen. Denn unser Zielort Wanyiok, nahe Mabil, ist noch einige Flugstunden weiter entfernt. Und in Wanyiok gibt es keinen Strom. Und kein Strom heißt: keine Landebahnbeleuchtung. Ergo keine Landung nach Einbruch der Dunkelheit.

Es ist halb elf. John Eibner zieht jetzt den Joker. Der ist weiblich und heißt Susi. Die gewiefte Power- und CSI-Verbindungsfrau bucht uns kurzfristig auf einen Inlandlinienflug, und einer ihrer Mitarbeiter karrt uns quer durch die Stadt zum anderen Flughafen, wo wir bald mit unserer zweistrahligen Fokker Richtung «Loki» abheben.

Lokichoggio, oder eben kurz Loki, entpuppt sich als Charterflughafen, der ein riesiges Sammelsurium der abenteuerlichsten Gestalten beherbergt. Die UNO betreibt hier ein heruntergekommenes Hilfsgüterlager, und alle paar Minuten donnert eine ihrer Herkules-Lastmaschinen über die holprige Piste und brummt in den heißen, wolkenlosen kenianischen Himmel davon.

Fragen werden hier nicht viele gestellt. Wer sich auf diesem Fleckchen Erde befindet, der ist grundsätzlich kein Tourist, sondern in irgendeiner mehr oder weniger geheimen Mission unterwegs, denn Uganda, Äthiopien und sogar der Kongo sind von hier aus erreichbar. Hierher haben sich die Location-Scouts der hollywoodschen Filmindustrie noch nicht verirrt. Schade eigentlich. Die Szenerie und die brisante Thematik würden perfekt in einen James-Bond-Film passen, und auch Meryl Streep könnte man sich hier gut vorstellen.

Unser nächster Flieger, eine einmotorige Cessna, bietet zehn Passagieren und einer recht ansehnlichen Menge von Hilfsgütern Platz. Doch außer dem Piloten sind wir nur zu viert. Der Käpt'n ist ein quirliger französischsprachiger Geselle, er sagt «Take off» und presst den Schubkraftregler Richtung Maximum. Mit einem Ruck setzt sich der gut erhaltene Hochdecker in Bewegung und drückt uns in die doch schon ziemlich abgewetzten Sitze, die im Gegensatz zum Allgemeinzustand der Maschine ihre besten Zeiten offensichtlich hinter sich haben. Schon in der Mitte der Piste hebt unser Lufttaxi ab und lässt den Grenzflughafen Lokichoggio hinter sich.

Wir steigen kontinuierlich den wenigen Wolkenfetzen entgegen, die sich an den tiefblauen Himmel verirrt zu haben scheinen, dann legt sich die Maschine langsam auf die linke Seite, dreht eine große Schleife Richtung Nordwesten, und schon nach wenigen Minuten haben wir das größte Land Afrikas unter unseren Flügeln: den Sudan.

Zuerst überfliegen wir noch Buschland, aber nach rund einer Stunde wird dieses sumpfige Gebiet von einer entsetzlichen Einöde abgelöst, die von einer sengenden, melancholischen Hitze erdrückt wird. Ob Gott hier am ersten Tag, als die Erde noch «wüst und leer» war, seine Schöpfungsarbeit gar nicht erst begonnen hat? Nein, sicher nicht. Dem Schöpfer die Schuld in die Schuhe zu schieben wäre grundverkehrt, denn er schuf hier fruchtbares, reiches Land. Das hier war einmal die Kornkammer des Sudans. Es waren Menschen aus dem Norden, die die Christen und die Animisten vertrieben, die Dörfer plünderten und die Felder in Brand setzten.

Ein paar Stunden später landet die Cessna auf einer holprigen Piste mitten in der Savanne. Einige Pastoren und einheimische Verbindungsleute nehmen uns in Empfang und wuseln eifrig um uns herum, um uns das Gepäck abzunehmen. Hier gibt es keine Autos, keine Läden, keine Stromleitungen, ja nicht einmal ein fließendes Gewässer. Wenn man Wasser will, muss man es sich mühsam per Hand aus einem Brunnen hochpumpen. Hingegen gibt es hier Buschhäuser, viele Kinder, Affenbrotbäume und sehr merkwürdige Vögel wie den Marabu, der aussieht wie ein zerrupftes Huhn auf Stelzen.

Hier findet das Leben vor allem draußen und in der Gemeinschaft mit den anderen Dorfbewohnern statt. Das einzige Fastfood, das es gibt, wächst auf Bäumen und ist wesentlich gesünder als das, was man bei uns unter diesem Namen erhält. Außerdem gibt es einen sehr schmackhaften Tee, bei dem ich aber leider nicht herausfinden kann, woraus er gemacht ist. Alles in allem ist das hier eine romantische Idylle, in die der Panzer, den wir später mit unserem klapprigen Bus überholen, so gar nicht passen will.

Dieses Kriegsgerät ist eine Art Merkzeichen in der jüngeren sudanesischen Geschichtsschreibung. Denn Tatsache ist, dass dieser Sand einen der größten Menschenrechtsskandale des ausklingenden zwanzigsten Jahrhunderts erlebt hat. Und als danach die Spuren verwischt wurden, haben die UNO, einige zivile Organisationen und andere Regierungen zum Teil einfach zu- oder weggesehen und sich damit zweifelsohne zu Komplizen in diesem Skandal gemacht.

Über zwei Millionen Menschen fielen dem Regime von Khartum zum Opfer. Der arabisch-muslimische Norden versuchte mit allen Mitteln, den Süden des Landes, der hauptsächlich von christlichen oder animistischen Schwarzafrikanern besiedelt war, total zu entvölkern. Rund 300 000 Menschen wurden versklavt. Hinter diesen nackten Zahlen stehen unglaubliche Einzelschicksale, und einem davon will ich in den nächsten Tagen nachgehen …

Kurz vor dem Dunkelwerden kommen wir in Mabil an und schlagen sofort unsere Zelte bei der Buschklinik von Dr. Luka auf, der mit den CSI-Leuten befreundet ist. Eine Buschklinik ist sie im wahrsten Sinne des Wortes, denn sie begann vor einigen Jahren mit einem Tisch unter einem Baum, keine zweihundert Meter von hier. Danach gibt es unter dem sudanesischen Nachthimmel ein reichhaltiges Abendessen mit Reis, Gemüse, Fleisch und diesem sagenhaften Tee. Wir haben hier sozusagen ein «Milliarden-Sterne-Hotel», mit der passenden Hintergrundmusik von Trommeln und singenden Kindern, und später beim Einschlafen kommen auch noch jaulende Hunde dazu.

Bei dem, was uns hier geboten wird, sollte man nicht denken, dass der Sudan eines der ärmsten Länder der Welt ist und dass es hier eine katastrophale Hungerperiode gab. Und das hat nichts mit Fehlern der hiesigen Bevölkerung zu tun. Bevor der Norden die ethnische Säuberung des Südens in Angriff nahm, war diese Steppe hier einmal die Kornkammer des Landes. Auch wenn ich es mir (und Ihnen) mehrmals sage, ich kann es selbst kaum fassen …

Am Morgen machen Cindy und ich Aufnahmen von der Klinik. Rund dreißig Leute sitzen im Wartezimmer. Ungeduld scheinen sie nicht zu kennen, kaum einer schaut auf die Uhr. Okay, kaum einer trägt eine Uhr. Der Doktor kommt eben, sobald er kommt, und man ist dran, sobald man dran ist. So einfach ist das. Das Wartezimmer ist übrigens ein freier Platz vor der Klinik – unter freiem Himmel und mit ein paar streunenden Ziegen als einzige Unterhaltung. Sie fressen Laub von einem Busch, bis sie von einigen Patienten verscheucht werden.

John, Gunnar und Cindy reisen gegen Mittag ab, um die fünfhundert freigewordenen Sklaven zu empfangen. Diese werden von nicht wirklich vertrauenswürdigen Behördenvertretern von Meiram im Nordsudan nach Warawar im Südsudan eskortiert.

Die drei fahren die Strecke über die Hoppelpiste mit einem ausgedienten Militärlastwagen, der kurz nach dem Ende der Sintflut gebaut worden sein muss, wenn nicht noch früher. Auf jeden Fall fehlt auf der Ladefläche ein Brett, die spröden Reifen haben Risse wie Gletscherspalten, der Motor ächzt und stöhnt, und zu allem Überfluss funktionieren die Bremsen nicht mehr. Der gewiefte Fahrer bringt das Monstrum zum Stehen, indem er mit dem Motor bremst, und das möglichst früh. So bringt er das Gefährt beinahe punktgenau zum Halten. Einen Vorteil hat das Ganze jedoch: Die Abgase stehen dem besten Mückenspray in nichts nach. Trotzdem will mir um meine neu gewonnenen Freunde ein wenig bange werden, als ich sie in der aufgewirbelten Staubwolke verschwinden sehe.

Ich bleibe allein bei Dr. Luka zurück, um meine Interviews vorzubereiten, und bespreche später mit William, dem mir zugeteilten Übersetzer, die Arbeiten der nächsten Tage.

Später meldet sich Gunnar per Satellitentelefon, der einzig möglichen Verbindung. Sie sitzen inmitten von Hunderten von befreiten Sklaven, die mit sieben Trucks angekommen sind. Die Menschen liegen zwischen Lagerfeuern im heißen Sand, ohne ein schützendes Dach über dem Kopf, nahezu ohne Trinkwasser und mit noch weniger Lebensmitteln. An Kleidung haben sie gerade mal das, was sie auf dem Leibe tragen. Sie sind völlig mittellos. Haben nichts. Außer der Freiheit. Als sie ankamen und die CSI-Leute sahen, hätten sie «Halleluja» gerufen. Sie seien müde, aber glücklich, fasst Gunnar zusammen. Nur einen Wermutstropfen gebe es: Ein Sklavenhalter sei dem Konvoi gefolgt und hätte eines seiner vier Kinder, die auch unter den Freigelassenen waren, gekidnappt, als sie gerade den arabischen Grenzfluss überquerten. Mit gezücktem Messer am Hals seines eigenen Kindes gelang ihm die Flucht …

Würde man hier in Mabil mit dem Gackern der Hühner oder dem Krähen des Hahns aufstehen, dann dauerte die Nachtruhe nur wenige Minuten. Diese halb wilden Hühner haben nicht die geringsten Hemmungen, zu schreien wie am sprichwörtlichen Spieß. Selbst auf die Gefahr hin, dass sie früher als geplant an demselbigen landen. Wie auf Kommando fangen just in dem Moment die Hunde an zu heulen, in dem man gerade am Einschlafen ist. Wobei Hundsein hier wirklich kein Zuckerschlecken ist. Die Viecher sind wild, scheu und sicherlich keine Haustiere. Dr. Luka wundert sich, dass wir in Europa Hunden sogar extra für sie hergestelltes Futter kaufen, grinst dabei und wirft einem der Streuner einen Knochen hin. Der erschrickt und macht dabei einen Riesensatz zur Seite, ehe er sich dem Leckerbissen vorsichtig nähert, ihn sich flugs schnappt und noch schneller damit hinter der nächsten Hütte verschwindet.

An diesem Morgen führe ich mit Hilfe meines Übersetzers William drei Interviews. Dabei erweist er sich als guter und einfühlsamer Dolmetscher zwischen mir und den drei Frauen. Sie kamen erst vor wenigen Monaten frei, waren davor über zehn Jahre lang versklavt, und alle haben sie vier oder mehr Kinder von ihren Sklavenhaltern. Es sind schreckliche, bewegende und aufwühlende Storys, die ich da zu hören bekomme; Geschichten, die aus dem finstersten Mittelalter stammen könnten. Aber nein, sie finden im Hier und Heute statt. Im laufenden Jahrtausend. Und ganz besonders berührt mich Helenas Geschichte …

2. Eine glückliche Kindheit im Sudan: Helena Adelino erzählt

Meine Kindheit war ganz normal. Ich hatte einige ältere und jüngere Schwestern, an die ich mich zwar kaum noch erinnern kann, aber ihre Namen weiß ich noch: Die beiden großen Mädchen hießen Anyon und Nyinbol, und die fünf jüngeren hießen Abila, Adut, Abuk, Angum und die Jüngste noch mal Abila. Leider sind ihre Gesichter in meiner Erinnerung ganz verschwommen, nur meine Eltern habe ich noch deutlich vor Augen: Nyidumo Wal, meine Mutter, und Adelino Nyilie, meinen Vater.

Papa arbeitete für die Regierung, aber was er da machte, weiß ich nicht mehr. Mama war Hausfrau, was ja bei acht Kindern nicht schwer nachzuvollziehen ist. Sie kümmerte sich um unseren doch recht großen Besitz. Wir hatten ein wunderschönes Haus mit einer kleinen Veranda, auf der wir unsere Mahlzeiten einnahmen. Außerdem gehörten ein kleines Badehaus, eine weitere Hütte und natürlich eine Küche zu unserem Anwesen. Auch wenn es nur sehr einfache Gebäude waren – mit Lehmboden und einem Strohdach, ohne Keller, Strom oder fließendes Wasser –, so gehörten wir doch zu den reicheren Leuten.

Wir hatten sogar einen Wagen. Als Verwandte von uns nach Khartum zogen, fuhr mein Vater sie in deren Auto dorthin. Dort übergaben sie Papa die Schlüssel, weil sie sich in der Großstadt vor Autodieben fürchteten.

Hunger hatten wir auch nie zu leiden. Ganz im Gegenteil, wir aßen viermal am Tag: Ganz früh am Morgen hatten wir ein bisschen Tee und Brot, Gebäck oder Kuchen. Dann war nach neun Uhr das richtige Frühstück mit Brot und Suppe dran. Zum Mittagessen gab's dann so Sachen wie den ungemein leckeren Bohnenbrei mit Fleisch, und abends wurde Reis mit einer leichten Beilage serviert. Manchmal hatten wir auch getrocknetes Fleisch oder ein Hühnchen, und wenn wir Gäste hatten, waren es zwei.

Ich selbst wusste auch schon ein wenig über das Kochen Bescheid. Brühe konnte ich schon ganz gut zubereiten, und wie der Brotteig für das «Ksra»-Brot gemacht wurde, wusste ich auch. Nur das Backen machte mir noch ein bisschen Mühe. Ich bat also bei den Nachbarn um Schützenhilfe, wenn meine älteren Schwestern gerade weg waren. Und ich freute mich sehr, wenn ich dann beim Essen ein Lob für mein *selbst* gebackenes Brot bekam.

Papa brachte immer wieder Gäste mit nach Hause, entweder zum Abendbrot oder sogar schon zum Frühstück oder zum Mittagessen. Das gefiel mir sehr, denn weil meine Eltern so gastfrei waren, durfte ich auch oft eine Freundin aus dem Kindergarten zum Essen mitbringen, wenn wir nichts dabeihatten. Ansonsten aßen wir aber schon dort.

Wir hatten auch einen Waschraum. Der bestand aus vier Lehmwänden ohne Dach, in deren Mitte ein Eimer mit Wasser stand. Um mich zu waschen, musste ich nur mit beiden Händen oder einer Schüssel Wasser schöpfen und über mich gießen. Das war unsere Art zu duschen. Die Toilette sah ganz ähnlich aus, nur dass diese ein Dach und ein Loch mit einem Behälter im Boden hatte. Wenn der voll war, kam ein Tankwagen und leerte ihn, aber wohin sie dann damit fuhren, das weiß ich nicht. Ist vielleicht auch besser so.

Unser Haus stand im Zentrum von Wau.

Ich musste schon, sogar als ich noch ganz klein war, erste leichte Aufgaben im Haushalt übernehmen. Dass ich selbst in der Lage war, Wasser zu holen, machte mich mächtig stolz. Da die beiden Großen aber noch mehr im Haushalt halfen, hatte ich mich als Drittälteste um meine kleineren Schwestern zu kümmern. Und das passte mir gar nicht, weil es total ermüdend war. Ich versuchte dann in der Nachbarschaft jemanden aufzutreiben, der auf die Kleinen aufpasste und mir diese lästige Aufgabe abnahm.

Als ich älter wurde, wurde auch mein morgendliches Pflichtenheft erweitert. Mit einer meiner großen Schwestern ging ich Wasser holen, und anschließend half ich mit, unser Lager zu reinigen. Dann brauchten wir Wasser zum Trinken und zum Waschen, und danach ging jeder seiner eigenen Tagesbeschäftigung nach. Für mich hieß das Kindergarten, für die Großen Schule, und die Kleinen blieben bei Mama. Samstags, wenn weder Schule noch Kindergarten stattfanden, war bei uns Großreinemachen angesagt. Dann hieß es nämlich Kleider waschen, damit sie für den sonntäglichen Kirchgang auch frisch und sauber waren. In unserem Dorf gab es nur wenige Animisten [Anhänger von Naturreligionen, die glauben, dass alle Dinge und die Natur beseelt sind; der Verlag]. Wie wir waren die meisten Christen und genossen es, sonntags in die Kirche zu gehen.

Aber es gab auch gewisse Ängste in meinem Leben. Vor allem die Löwengeschichten, die gerne spätabends am Lagerfeuer erzählt wurden, jagten mir einen ziemlichen Schrecken ein. Wenn wir nahe am Feuer saßen, um uns zu wärmen, konnten die älteren Personen es sich meist nicht verkneifen, irgendwelche schrecklichen Geschichten zum Besten zu geben. Bei einer hab ich mich immer ganz besonders gefürchtet:

Es hieß, wenn es nachts regnete und es deswegen ganz besonders dunkel wäre, kämen die Löwen direkt bis an die Haustür und würden den Ersten anfallen, der über die Schwelle treten würde. Deswegen traute ich mich in dunklen Nächten und besonders bei Regen gar nicht, auf die Toilette zu gehen. Lieber unterdrückte ich es bis zum Morgen. In einer sternklaren oder mondhellen Nacht hingegen hatte ich mit dem Rausgehen keine Probleme, nur vom Tor hielt ich mich doch fern; man konnte ja nie wissen.

Solche und weitere Geschichten wurden sehr gerne erzählt, doch die meisten habe ich vergessen.

Eine Sache allerdings machte mir richtig Angst. Wenn jemand im Dorf gestorben war, dann fürchtete ich mich. Immer wenn ich Wasser holen ging und es bereits dämmerig wurde, dachte ich, der Körper des Toten würde im Brunnen liegen. Als eines Tages ein Onkel von mir starb und seine Leiche in unserem Haus aufgebahrt wurde, war ich zutiefst erschrocken. Hier wollte ich nicht mehr wohnen, und ich rannte so schnell wie möglich weg. Meine Mutter rief hinter mir her, ich solle nach Hause kommen, aber ich weigerte mich. Erst einen Monat später betrat ich das Haus wieder. In der Zwischenzeit hatte ich im Haus einer Tante gewohnt. Aber ich bekam auch jetzt wieder eine Gänsehaut, als ich den entsprechenden Raum betrat, in dem mein Onkel gelegen hatte.

Ich betete zu Gott, dass er mir die Angst nehmen sollte. Das hatte ich bei meinen Eltern so gelernt. Jeden Sonntag gingen alle Familienmitglieder in den Gottesdienst. Der dauerte oft drei Stunden lang. Ich ging selbstverständlich auch mit, sogar wenn ich krank war. Denn dann beteten wir für meine Genesung, und bis wir wieder zu Hause ankamen, war ich meistens gesund. Einmal ging durch das Gebet sogar eine Krankheit weg, die mit Malaria vergleichbar ist. Es gab für mich gar keine Alternative, als Gott zu bitten, mich gesund zu machen. Die Aussage der Bibel: «Ich bin der Herr, dein Arzt», erlebte ich ganz praktisch.

Am liebsten aber war ich im Kindergarten, der in eine Schule integriert war. Wir lernten hier schon einmal das ABC. Die Unterrichtssprache war Arabisch. Wir saßen zu dritt an einem Pult, in dem wir auch unsere Papiere aufheben konnten, und es blieb natürlich nicht aus, dass wir anfingen zu quasseln und zu kichern. Wenn es zu doll zuging, wurden wir von unserem Klassenchef, einem dafür ausgewählten Mitschüler, beim Schulbüro gemeldet, wo es dann Verwarnungen oder sogar Schläge gab. Aber meistens genügte ein strenger Blick, dass wir uns wieder ordentlich benahmen.

Natürlich war ich wie viele kleine Mädchen darauf bedacht, schön auszusehen. Deshalb begleitete ich meinen Vater gerne, wenn er auf den Markt zum Einkaufen ging. Die vielen bunten Kleider, die es dort zu kaufen gab, hatten es mir angetan, und ich bettelte meinen Vater jedes Mal an, mir doch eines zu kaufen. Oft hatte ich Erfolg, und ich freute mich unendlich, meine neue Errungenschaft zu Hause vorzuführen.

Auch an Weihnachten kaufte mein Vater seinen acht Kindern wunderschöne neue Kleider. Am 24. Dezember erhielten wir sie und trugen sie gleich in der Weihnachtszeit. Das war immer ein Fest!

Weniger erbaut von meinen Verschönerungsversuchen waren meine Eltern allerdings, als ich mir einmal eine Schmucknarbe hatte stechen lassen. Das ist in Schwarzafrika weit verbreitet. Bei vielen Stämmen haben die Schmucknarben bestimmte Bedeutungen. Aber bei mir sollte es einfach Dekoration sein. Mein Onkel stach mir also die Schmucknarbe auf den Oberarm, was ausgesprochen unangenehm war. Das tat ganz schön weh, und ich war kurz davor, in Tränen auszubrechen. Aber meine Freundin, die bei diesem Abenteuer dabei war, fing an zu lachen und machte sich über meine Empfindlichkeit lustig. Da versiegten die Tränen natürlich ganz schnell. Eigentlich hatte ich mir noch mehr Schmucknarben machen lassen wollen, aber meine Eltern verboten es mir. Dafür zeigte ich stolz die eine Narbe herum, die ich hatte, und beendete weitere Tätowierungsaktionen.

- Bis 1956 war der Sudan eine britische Kolonie.
- 1956 wurde der Sudan unabhängig und zu einer Republik.
- Hauptstadt: Khartum.
- Der Sudan ist das größte Land Afrikas.
- Die Bevölkerung des Sudans teilt sich in zwei große Gruppen auf:

  49,1% muslimische Araber im Norden und im Zentralsudan

  50,9% christliche bzw. animistische Schwarzafrikaner im Süden (Südsudanesen, Fur, Asande, Nubier, Kuschiten und andere).

3. Der Überfall

Während unsere Mütter sich um den Haushalt kümmerten, wurde ich mit anderen zusammen in unserem Kindergarten betreut. Fangen spielen – das war meine Lieblingsbeschäftigung. Oft jagten meine Freundinnen und ich hintereinander her. Und dabei war ich so ziemlich die Beste. Ich legte mich hinter einem Baum oder einem Erdhügel auf die Lauer. Wenn dann ein Kind vorbeiging und mich nicht sah, sprang ich hervor, schnappte mir mein Opfer und schrie:

«Ich hab dich, du bist dran!»

Doch es kam nicht sehr häufig vor, dass man mich fing, denn ich war so flink, dass ich meistens gar nicht erst erwischt wurde. Aber in dieser einen Nacht, die mein ganzes Leben veränderte und auf den Kopf stellte, half mir das auch nicht …

Es muss gegen Morgen gewesen sein, als mich plötzlich Schüsse und Schreie und ein wildes Durcheinander aus dem Schlummer rissen.

Erschrocken schaute ich mich um. Was war hier nur los? Sollten etwa …? Nein! Das durfte, das konnte einfach nicht wahr sein. Ich hatte meine Eltern schon früher leise miteinander reden hören, von Überfällen der Milizen aus dem Norden, die Sklaven machten, vor allem Kinder. Mich hatte das aber nie groß gekümmert, weil ich dachte, dass uns so etwas sicher nicht passieren konnte.

Ich hatte Angst. Richtig große Angst. Und draußen wurde es immer lauter. Was da wohl passierte? Ich hörte Leute schreien und plötzlich verstummen. Sollten sie etwa doch …? Nein. *Nein*, das konnte nicht sein! Dann hörte ich einen Mann in einer mir irgendwie vertrauten Sprache etwas rufen. Es klang beinahe wie ein Befehl.

Ich sprang von meinem Nachtlager auf. Da kamen auch schon meine beiden großen Schwestern mit unseren Eltern und der jüngsten Schwester. Sie sagten, wir sollten alles zurücklassen und schnell mit ihnen weglaufen. Wir mussten schleunigst raus hier, aber ich hatte eine Riesenangst vor dem, was uns draußen erwartete.

Wir machten uns bereit, ins Freie zu rennen, als mir plötzlich Rauch in die Nase stieg. Oh Gott, die würden doch nicht die Häuser anzünden?, fragte ich mich. Aber genau das taten sie. Noch im Wegrennen sah ich ein kleines Flämmchen oben im Dach. Aber schnell bildete sich ein großer brennender Fleck, ein Loch entstand, und das Dach brannte lichterloh.

Viele unserer Nachbarhäuser brannten ebenfalls, fast alle Hütten unseres Dorfteiles. Auf meiner Flucht von Baum zu Baum sah ich plötzlich einen Schatten auf meiner rechten Seite und wich ihm geschickt aus. Der Schatten griff nach mir, doch ich konnte ihm gerade noch entwischen und stürmte in Richtung Stadtrand davon. Doch da kamen von beiden Seiten Männer auf mich zu. Ich schlug einen Haken und entkam dem ersten, aber ich hatte keine Chance: Schließlich schnappten mich zwei und schleppten mich zum Sammelplatz.

«Nein, nein! Lasst mich los! Ich will zu meiner Familie! Wo ist meine Familie? Ihr Mörder, Schurken, lasst mich endlich los!» schrie ich aus Leibeskräften.

In dem ganzen Durcheinander hatte ich meine Geschwister und meine Eltern völlig aus den Augen verloren. Alle Häuser in der Umgebung standen mehr oder weniger in Flammen, überall sah ich Menschen rennen und von großen, seltsam gekleideten Männern verfolgt werden. Ein großes Kind lag auf den Knien, und einer dieser Männer schlitzte ihm gerade mit seinem Säbel den Hals auf.

Das verschlug mir die Sprache, und ich beschloss, von jetzt an den Mund zu halten, damit mir das nicht auch passierte. Aber das Weinen konnte ich nicht unterdrücken.

Die Fremden schleppten mich also Richtung Sammelplatz, und was ich auf dem Weg dahin sah, ließ mir nun endgültig das Blut in den Adern stocken. Überall lagen Tote herum. Vielen war die Kehle durchgeschnitten worden, andere hatten klaffende Kopfwunden, so dass man die Gesichter kaum noch erkennen konnte. Aber ich erkannte sie trotzdem. Es waren meine Nachbarn und Freunde. Da erblickte ich meinen Onkel, der sich gegen einen Angreifer zur Wehr setzte, und ich wollte ihm schon etwas zurufen, als ich sah, wie er erschossen wurde. In den Rücken. Er fiel leblos in sich zusammen. Ich schrie auf und wollte mich losreißen, aber die Männer hielten mich mit brutaler Gewalt fest. Und was sollte ich kleines sechsjähriges Mädchen auch gegen sie ausrichten? Ich dachte an Gott, denn eine andere Hilfe war nicht in Sicht.

Auf dem Sammelplatz angekommen, schubsten sie mich in die Menge der schon gefangenen Kinder, die weinten und jammerten und sich aneinander festklammerten. Wir saßen eng zusammengedrängt, zitternd wie die Schafe am Schlachttag, und wagten nicht, miteinander zu sprechen. Einige der Fremden saßen auf Pferden und umkreisten uns die ganze Zeit, während die anderen ihrer schrecklichen Beschäftigung nachgingen. Die Männer trugen lange Gewänder und Turbane und hatten auch eine viel hellere Haut als wir, außerdem verstand ich sie nicht, wenn sie einander etwas zuriefen. Oder doch! War das etwa Arabisch, das in der Schule gesprochen wurde?

Als schließlich alle gefangen oder tot waren – ich hoffte

und betete inbrünstig, dass auch viele dem Überfall entkommen konnten –, ging über der schrecklichen Szenerie die Sonne auf. Und was ich da sah, ließ mich nur noch mehr verzweifeln. Kaum ein Stein war auf dem anderen geblieben. Viele Tote lagen da im warmen Morgenlicht, und verzerrte Rauchschwaden wehten über sie hinweg. Es stank schrecklich. Nach Rauch, nach verbranntem Holz und … verbranntem Fleisch.

«Aufstehen!» brüllte einer der Männer, der scheinbar der Anführer der Horde war.

«Aufstehen und in zwei Gruppen aufstellen», hieß es dann. «Die Kleineren nach links, und die Großen nach rechts.»

Wir taten, wie uns befohlen war. Dann gruppierten sich die Männer auf ihren Pferden um uns herum und trieben uns wie Vieh aus der Stadt hinaus nach Norden.

- Seit der Unabhängigkeit 1956 gibt es kriegerische Auseinandersetzungen zwischen Nord- und Südsudanesen, explizit zwischen arabischen Muslimen und schwarzafrikanischen Christen und Animisten.
- Der Süden fordert die Autonomie. Diese Forderung mündet in einem blutigen Bürgerkrieg.
- 1972 erhalten die drei Südprovinzen weitgehend innere Autonomie. Der Bürgerkrieg wird beendet.
- Zu Beginn der 80er-Jahre wachsen die Spannungen zwischen Nord und Süd wieder an.
- 1983 wird der Süden zwangsislamisiert. Die Scharia wird als überall geltendes Recht im Land eingeführt – auch im christlichen Süden.
- Erneuter Ausbruch des Bürgerkrieges.
- Die «Sudanese People's Liberation Movement» (SPLM), die Vertretung des Südens, fordert stärkere politische Mitbestimmung und Autonomie.
- Die Übergriffe arabischer Reitermilizen aus dem Norden häufen sich.

4. Verschleppt und verkauft

Ich weiß nicht, wie viele Kinder sich mit mir zusammen auf diesem Höllentrip befanden. Aber es waren viele! Der Zug glich einem perversen, morbiden Kindergartenausflug. Alle Kinder waren noch im Vorschulalter und eigentlich überhaupt nicht fähig, einen weiten Marsch in sengender Hitze zu überstehen. Doch das war unseren Sklavenhändlern vollkommen egal. Während uns noch der Schock über das Massaker der letzten Nacht in den Knochen steckte, trieben sie uns bereits unbarmherzig an, die über zweihundert Kilometer entfernte Stadt Meiram zu Fuß zu erreichen.

Das Letzte, was ich noch von meiner Stadt sah, waren die brennenden und zerstörten Häuser. Ich sah Feuer und Rauch und die niedergemetzelten Menschen, mit denen ich bisher meine Kindheit verbracht hatte. Was aus meinen Eltern und Geschwistern geworden war, wusste ich nicht, und das Gefühl der Verlassenheit und Verlorenheit wurde übermächtig. Ich war verloren! Für immer! Niemand mehr würde in diesem Dorf am Lagerfeuer sitzen und Geschichten von Löwen erzählen. Es würden keine Lieder mehr unter dem wunderschönen Sternenhimmel gesungen werden. Kein Klassenchef konnte mehr Vorfälle berichten, und an Samstagen würde auch keine Wäsche mehr im Wind flattern. Es war vorbei. Es gab niemanden mehr, der sich noch an mich erinnerte oder sich um mich hätte kümmern können. Die Ortschaft Wau existierte nicht mehr – unser Leben existierte nicht mehr.

Ich hatte fürchterliche Angst, dass wir in Meiram schließlich auch umgebracht werden würden – genau wie so viele Erwachsene aus unserem Dorf –, denn zunächst sagte uns niemand, warum wir überhaupt verschleppt wurden. Aber letztlich war es auch egal, denn bereits der Marsch in den Norden bedeutete für viele Kinder den Tod. Die Situation war grauenhaft. Wir bekamen kaum etwas zu essen, und was noch viel schlimmer war: Wir hatten nichts zu trinken!

Bald brachen die ersten Kinder zusammen, fielen in den heißen Sand und blieben dort zum Sterben liegen. Andere wurden wieder hochgezerrt und mit Prügeln und Tritten zum Laufen gezwungen. Dann torkelten sie einige Schritte weiter, bis sie erneut erschöpft in den Staub sanken. Ihre Hände krallten sich angstvoll in den trockenen Boden in Erwartung neuer Schläge. Aber unseren Peinigern war der Aufwand zu groß, und so starben sie wie viele vor ihnen und auch nach ihnen allein auf dem vertrockneten Boden des Sudans.

Wenn man versuchte, während dieses Trecks miteinander zu reden oder einfach nur zu weinen, kam die prompte Antwort der arabischen Milizen. Von ihren Pferden herunter schlugen sie wahllos zu – auf Köpfe, Rücken und in die fassungslosen Kindergesichter, die nicht verstanden, was hier eigentlich passierte. Im Grunde war es den Menschenjägern weitgehend egal, wie viele ihrer Kindersklaven tatsächlich lebend in Meiram ankamen. Im Zentrum ihres Handelns stand vor allem die Unterdrückung der Schwarzafrikaner und die Zwangsislamisierung ihrer Opfer, da konnten Strapazen und Schikanen wahllos zugemutet werden.

Für die Araber war dies ein erfolgreicher Feldzug gewesen, und so ließen sie ihrer Freude immer wieder mit lauten «Allah-u-Akhbar»-Rufen freien Lauf. «Allah ist groß», schrien sie, begeistert von ihren eigenen Untaten. Einen Vorteil hatte ihre Religion: Fünfmal pro Tag wurden die vorgeschriebenen Gebete ausgeführt. Fünfmal am Tag durften wir eine kurze Verschnaufpause einlegen. Ansonsten wurden wir erbarmungslos weitergetrieben.

Ich habe dann einfach nur noch gebetet, Tag und Nacht. Gott war da, mitten in dem Elend. Das hat mich getröstet. Trotzdem musste ich die ganze Zeit weinen, vom Abmarsch in Wau bis zur Ankunft in Meiram. Ich war sechs Jahre alt und wusste nicht, ob ich den nächsten Morgen erleben würde.

Nach zweieinhalb Tagen Tortur erreichten wir dann endlich Meiram. Wir – das waren die Überlebenden und unsere

Peiniger. Wir konnten uns unter zwei Bäumen niederlassen und bekamen nun endlich Wasser und ein kleines Stückchen Brot. Aber auch nach dieser Stärkung war an Flucht nicht zu denken, obwohl ich mir immer wieder überlegt hatte, ob ich nicht doch diesem ganzen Elend entrinnen könnte, indem ich das Weite suchte. Aber wir wurden streng bewacht. Unsere Aufpasser hatten die Gewehre immer griffbereit und waren stets willig, diese auch ohne Zögern einzusetzen. Ich fand diese Menschen schrecklich, und die Angst wickelte sich um meinen Hals wie eine dicke Schlange. Trotzdem habe ich auch hier an Gott denken können, und ich war mir sicher, dass er mich bis hierher begleitet hatte und auch weiter mit mir gehen würde.

Die Entführer organisierten nun den Verkauf aller Kinder. Sie nahmen immer ein oder zwei von uns mit, gingen weg, kamen ohne sie wieder und holten neue Kinder. Dann war auch ich an der Reihe. Einer der Männer packte mich einfach und zerrte mich weg von den anderen. Ich wollte nicht von der Gruppe getrennt werden. Die Kinder waren aus meinem Dorf, das hatte zumindest noch etwas Vertrautes dargestellt. Ich wollte wegrennen, weit, weit weg. Aber die Angst lähmte mich, dass ich kaum gehen konnte. Der Mann schleifte mich durch den heißen Sand, und meine Füße hinterließen lang gezogene Spuren. An einem kleinen Stand ließ er mich auf den Boden sacken, und dort kauerte ich wie ein Häufchen Elend.

- Seit Beginn der 80er-Jahre wurden rund 300 000 Menschen aus dem Süden des Sudans versklavt.
- Zwei Millionen Menschen fielen den Übergriffen im Süden zum Opfer.
- Viereinhalb bis fünf Millionen Menschen aus dem Südsudan befinden sich mittlerweile auf der Flucht.
- Zwischen 70 000 und 250 000 Menschen aus der Region Darfur wurden ermordet.
- 1 700 000 Menschen aus Darfur befinden sich auf der Flucht.
- Die bekanntesten Reitermilizen sind die «Dschandschawid».

■ Ziel der Übergriffe auf südsudanesische Dörfer ist zum einen die Zwangsislamisierung der Bevölkerung und die Vernichtung der schwarzafrikanischen Stämme. Letzteres trifft in neuerer Zeit auch auf die Region Darfur zu. Zum anderen wächst auch das Interesse an den Ölvorkommen des Landes, die u. a. auch im Süden vorhanden sind.

5. Sklavinnen haben keine Gewerkschaft

Das Ende meiner Kindheit wurde nun besiegelt. Ich wurde in diesem Camp an einen arabischen Händler verkauft. Er hieß Ibrahim Jusuf, und ich musste mit ihm mitgehen, ob ich wollte oder nicht. Bereits auf dem Weg zu ihm nach Hause machte er mir unmissverständlich klar, wie meine Zukunft aussehen würde.

«Ich bringe dich zu mir heim, und da bleibst du bei meinen Kindern. Du wirst dein Volk nicht mehr sehen. Und wenn du nicht stirbst, wirst du hier groß werden.»

Außerdem sagte er mir noch, ich sei seine einzige Sklavin. Damit war dann mein Arbeitspensum eindeutig umrissen. In diesem Augenblick brach wirklich eine Welt für mich zusammen. Ich würde nie mehr meine Eltern sehen, nie mehr mein Volk, noch nicht einmal den Landesteil, in dem ich meine ersten Lebensjahre verbracht hatte. Dafür war ich zum Besitz anderer Leute geworden, in deren Gunst es lag, ob ich jemals erwachsen werden würde oder ob mich die Arbeit und die miserablen Lebensumstände schon vorher umbrächten.

Die Familie, in die Ibrahim mich brachte, bestand außer seiner kleinen, dürren Wenigkeit aus seiner gewaltigen und ausgesprochen dicken Frau Hohwa und fünf Kindern.

Ibrahim besaß drei Rundhütten, eine für sich und seine Frau, eine für die Kinder und eine, in der gekocht wurde. In dieser sollte ich später schlafen. Nach getaner Arbeit würde ich die Töpfe und die anderen Küchenutensilien beiseite räumen und mich auf eine Art Tisch legen, denn ein Bett gab es selbstverständlich nicht. Anfangs hatte ich noch eine Decke, aber nach drei Jahren gab es die auch nicht mehr, und ich musste so schlafen. Auch essen musste ich allein. Die Familie aß zuerst separat, anschließend konnte ich mich dann mit den Resten begnügen, falls überhaupt noch welche übrig waren. Was sie nicht mochten, konnte ich haben, zum Beispiel Ksra, die hier übliche Brotsorte, und allzu trockenes Fleisch. Manchmal war auch einfach nichts mehr da. Ich hatte oft Angst, sie würden mich verhungern lassen ... Doch zurück zu meinem Ankunftstag:

Ibrahim stellte mich seiner Frau mit den Worten vor: «Das ist unsere Dienerin. Sie wäscht von jetzt an die Kleider unserer Kinder und putzt die ganze Zeit.»

Hohwa strahlte über das volle Gesicht. Die Aussicht darauf, eine Dienerin zu haben, schien ihr eine großartige neue Perspektive zu eröffnen. Und genauso geschah es auch. Ibrahim war Händler und den ganzen Tag unterwegs. Außer mir arbeitete «daheim» keiner.

Ich begann den Tag damit, Frühstück zu machen, Wasser zu holen, es in großen Behältern nach Hause zu schleppen, die Hütten zu reinigen und die Kinder anzuziehen. Später trug ich das Geschirr zum Waschplatz und spülte Teller, Gläser und Besteck – ein enormer Aufwand, der dreimal am Tag betrieben werden musste. Ich hatte eine kilometerlange Strecke ohne Schuhe zurückzulegen, was vor allem in den Wochen vor der Regenzeit sehr unangenehm war. Dann stieg die Temperatur auf über fünfzig Grad Celsius, und der Sand glühte förmlich. Hohwa machte während der schlimmsten Mittagshitze eine ausgiebige Pause, aber für mich gab es das nicht. Ich kümmerte mich in der Zeit um die drei jüngeren Kinder Isa, Nonoya und Klein-Hohwa, spielte mit ihnen und passte auf sie auf. Außerdem gab es dann noch die Wäsche zu waschen, die bei einer siebenköpfigen Familie auch nicht gerade klein ausfiel, und Feuerholz zu sammeln. Im Grunde hatte Hohwa die Last ihres gesamten Haushalts auf die Schultern eines sechsjährigen Mädchens gelegt. Wenn ich mich abends todmüde schlafen legen wollte, fiel Hohwa garantiert noch etwas ein, was es zu erledigen gab.

Einen Dank oder gar einen Lohn gab es nach dem üblichen Zwölf-Stunden-Tag, den ich sieben Tage die Woche zu leisten hatte, leider keinen. Manchmal durfte ich mit Ibrahims Erlaubnis zwar eine kleine Pause machen, aber Hohwa sorgte schon dafür, dass ich diese keinesfalls zum Schlafen nutzen konnte.

Am schlimmsten aber war nicht die viele Arbeit, sondern der Umgang, den die Familie mit mir pflegte. Vor allem die beiden älteren Jungen, Mohammed und Adam, schikanierten mich ziemlich. Sie sorgten absichtlich für Unordnung und Dreck, um mich dann herbeizuzitieren und mich aufräumen zu lassen. Dabei kniffen, schubsten und schlugen sie mich und fanden das dann noch sehr amüsant und kurzweilig. Wenn Hohwa feststellte, dass ich in der Zwischenzeit eine andere Arbeit liegen gelassen hatte, bekam ich auch von ihr noch eine ganze Salve von Ohrfeigen.

Schläge gab es aber nicht nur von Mohammed und Hohwa, sondern auch von Ibrahim. Wenn etwas nicht schnell genug ging und er meinte, ich würde zum Beispiel beim Wasserholen trödeln, dann gab es Schläge mit der Hand oder den Fäusten.

«Du bist viel zu spät, du hast dort gespielt!» meinte dann mein erzürnter Sklavenhalter. Manchmal befürchtete ich, dass er mich eines Tages umbringen würde. Es kam immer wieder vor, dass Sklaven von ihren Besitzern getötet wurden, wenn sie etwas falsch gemacht hatten, ihre Arbeitskraft schwand oder sie ihren Herrn aus irgendeinem unerfindlichen Grund zum Zorn gereizt hatten.

Aber Ibrahim war es wichtiger, dass seine Sklavin so viel wie möglich arbeitete. So ordnete er morgens, bevor er seiner Tätigkeit als Händler auf dem Markt nachging, immer genau an, was ich an dem betreffenden Tag zu tun hatte. Dass ich auch ja nichts vergaß, dafür sorgte schon Hohwa.

Auch Freunde und Bekannte der Familie, die gerade zu Besuch waren, musste ich bedienen, und sie ließen ihren Ärger an mir aus, wenn sie das Gefühl hatten, dass ich meinen Pflichten nicht ordentlich und in ihrem Sinne nachkam.

- Bereits seit 1983 sind der UNO die Übergriffe auf die christlichen Schwarzafrikaner bekannt.
- Die Berichterstattung in den Medien war bis zum Sommer 2004 minimal, da die Khartumer Regierung immer wieder Sperrzonen für Flüge in betroffene Regionen verhängt hat.
- Die Organisation «Christian Solidarity International» (CSI), die den Status eines Mitglieds der Menschenrechtskommission in Genf hatte, machte die UNO wiederholt auf die verheerenden Zustände im Sudan aufmerksam. Daraufhin beantragte der Sudan den Ausschluss des CSI aus der Menschenrechtskommission.
- 1999 wurde die CSI aufgrund ihres Engagements im Sudan tatsächlich aus der Menschenrechtskommission ausgeschlossen.
- Die UNO weigerte sich, auf die Zustände im Sudan zu reagieren und diese beim Namen zu nennen.
- Seit 2003 nimmt der Völkermord im Sudan Formen an, die die UNO endlich dazu veranlasst haben, zumindest einmal von «ethnischer Säuberung» zu sprechen.

6. Als Christin unter Muslimen

Mit den Jahren verblassten die Erinnerungen an meine Familie zunehmend. Gesichter verschwammen, Geschichten verschwanden und auch meine Muttersprache Dinka habe ich verlernt. Heute kann ich nur noch Arabisch sprechen. Ich versuchte, mich immer wieder an meine Eltern und an mein Zuhause zu erinnern und auch an das, was mir meine Eltern und Großeltern über Gott erzählt haben. Und immer wieder habe ich mich gefragt, warum er mich zu diesen Menschen gebracht hat. Warum hatte er mich nicht einfach in meiner Ortschaft Wau mit den anderen sterben lassen? Ich hatte meine Vergangenheit verloren, und es gab kaum Möglichkeiten, sie wieder ins Leben zu rufen. Ich hatte keine Zeit gehabt, irgendwelche Erinnerungsstücke mit in die Sklaverei zu nehmen. Alles, was ich besaß, waren die Schmucknarbe und eine Halskette, und selbst die haben sich die kleinen Kinder der Familie dann noch von mir erbettelt.

Dass es für mich keine Rückkehr mehr in den Süden des Landes geben würde, dorthin, wo ich aufgewachsen war, dorthin, wo ich eine glückliche Kindheit gehabt hatte, dessen war ich mir nahezu sicher. Ich wusste, dass es kein Zurück gab. Aber ich betete trotzdem immer wieder zu Gott, dass er mir vielleicht doch eine Möglichkeit schenken möge, nach Hause zu kommen. Ich hatte einfach eine solche Sehnsucht nach meinen Eltern, nach meiner Familie und nach meiner Heimat, dass ich oft nur noch weinen konnte. Wenn Gott es wollte, dann könnte er mich ohne weiteres wieder nach Hause bringen, und wenn er es nicht wollte, würde ich in Meiram sterben.

Mein Zutrauen zu Gott – zu dem Gott, an den meine Eltern und Großeltern bereits glaubten und in dessen Namen ich getauft worden war –, verschaffte mir allerdings nicht nur Trost, sondern mit zunehmender Zeit auch eine Menge Probleme.

Meine Sklavenhalter waren ja gläubige Muslime, und sie waren auf die Dauer nicht bereit, meinen christlichen Glauben zu akzeptieren. Eines Freitags sagten sie auf einmal zu mir: «Lass uns jetzt in die Moschee gehen.»

Ich war wie erstarrt. Sie wollten tatsächlich, dass ich mit ihnen ginge und ihren Glauben annehmen sollte! Alles in mir sträubte sich. Ich wusste genau, wenn ich mich jetzt wehren würde, gäbe es nur wieder Prügel. Aber wenn ich mitginge, würde ich alles verraten, was meine Eltern mir beigebracht hatten. Allah war nicht mein Gott. Er war der Gott dieser Leute. Und damit wollte ich nichts zu tun haben. Ibrahim sah mich mit einem Blick an, der keinen Widerspruch duldete. Allen Mut zusammennehmend, flüsterte ich schwach: «Ich gehe nicht mit.»

Da brach Ibrahims Zorn über mir aus wie ein Sturm. Er schleuderte mich gegen die Lehmwand der Küchenhütte und griff nach dem erstbesten Gegenstand, der ihm in die Hände kam, um damit auf mich einzuprügeln. Die Schläge prasselten auf mich nieder, und ich war mir sicher, dass er mich nun umbringen würde. Ich krümmte mich auf dem Boden zusammen und versuchte, meinen Kopf vor seinen Tritten zu schützen. Und dann dachte ich nur noch: «Lieber Gott, bitte, Jesus, mach, dass er aufhört!»

Plötzlich war alles still. Die Familie war unterwegs zur Moschee und hatte mich in der Küche liegen lassen.

- 1983 wird die Scharia zum geltenden Rechtssystem im gesamten Sudan.
- Bei dem dabei erneut ausbrechenden Bürgerkrieg wird der Südsudan unter Militärkontrolle gestellt.
- 1989 wird die Scharia im Süden wieder abgeschafft.
- Im gleichen Jahr übernimmt General Ahmad al-Baschir die Macht und verfolgt nun einen repressiven pro-islamischen Kurs im Land.

7. Eine verlorene Kindheit

Ich war nicht die einzige Leibeigene in Meiram. In vielen Häusern gab es Sklaven aus dem Süden des Landes. Beim Wasserholen trafen wir uns regelmäßig am Brunnen und konnten dann auch ein paar Worte miteinander wechseln. Wir haben uns natürlich vor allem darüber unterhalten, wie die Bedingungen in dem Haus waren, in dem wir arbeiteten. Jeder schilderte seine Situation, und dann verglichen wir, wer es eher gut oder eher schlecht getroffen hatte.

Bei vielen war die Lage mindestens genauso miserabel wie bei mir. Wir waren alle hundemüde von dem Pensum, das wir zu bewältigen hatten. Alle waren mit Arbeit überladen, wurden mitten in der Nacht geweckt, um Wasser zu holen, und mussten auch sonst Tag und Nacht für Aufträge aller Art parat sein. Aber manche meiner Leidensgenossinnen wurden wenigstens nicht geschlagen. Ich hatte vor allem unter Ibrahim, Hohwa und Mohammed zu leiden.

Isa, Nonoya und die kleine Hohwa (die denselben Namen hat wie ihre Mutter) waren dagegen echte Lichtblicke in meinem tristen Dasein. Sie waren richtig nett und ausgesprochen freundlich zu mir, und im Gegensatz zu ihrem großen Bruder waren sie auch nicht aggressiv. Weil sie nur wenig jünger waren als ich, bettelten sie natürlich immer wieder, dass ich mit ihnen spielen sollte. Und ich hätte nichts lieber getan. Sie tobten draußen herum, spielten Fangen und Verstecken, und ich konnte der Versuchung manchmal nicht widerstehen und habe mitgespielt. Für einen kurzen Moment konnte ich das sein, was ich wirklich war: ein Kind. Dann erschien Hohwa meist in der Türöffnung ihrer Rundhütte. Das Kindergeschrei hatte ihren Schlaf gestört, und wenn sie mich mit den anderen Kindern herumtoben sah, wurde sie fuchsteufelswild. Sie schrie mich an: «Du hast zu arbeiten!», und scheuchte mich dann mit einer herrischen Handbewegung wieder in die Hütte.

In solchen Momenten wurde ich so wütend, dass ich kaum wusste, wohin mit dem Zorn. Immer wenn die anderen ihren Spaß hatten, durfte ich nicht mitmachen. Es war so ungerecht! Und diese Wut wurde zu einem Dauergast in meinem Herzen.

Hohwa versuchte ihren Kindern zu erklären, warum sie nicht mit mir spielen durften. «Dieses kleine Mädchen wurde aus dem Süden zu uns gebracht. Es kam hierher, um zu arbeiten. Es ist unsere Sklavin. Es ist meine Dienerin, die für mich arbeitet.»

Ich glaube, kapiert haben die Kleinen das nicht, denn sie sagten zu den anderen Kindern, dass ich ihre Schwester sei. Das tat mir total gut. Ich habe mich richtig gefreut, dass es da jemanden gab, der mich so mochte. Deshalb war es ganz einfach, die drei auch als meine Geschwister anzusehen. Das machte mein Leben ein bisschen heller.

Als Hohwa diese Entwicklung bemerkte, konnte sie das natürlich nicht akzeptieren. Wieder und wieder versuchte sie ihren Kindern klarzumachen, dass ich ihre Sklavin sei und nicht ihre Schwester. Schließlich verwies sie auf meine Hautfarbe, die im Unterschied zu ihrer eigenen hellen sehr dunkel war. Aber Kinderlogik lässt sich schwer beeinflussen.

«Helena arbeitet, wenn du schläfst. Sie kümmert sich um uns. Sie wäscht, sie kocht und spielt mit uns. Sie arbeitet in der Küche und spült das Geschirr.»

Diese peinliche Aussage brachte Hohwa in Rage. Selbst ihre kleinen Kinder hatten schnell durchschaut, wer hier für die Familie sorgte und wer nicht. Und auch ihre Sympathien übertrugen Isa, Nonoya und die kleine Hohwa auf mich, weil ich für sie einfach viel mehr da war als ihre träge Mutter. Sie ließen sich nicht umstimmen, so sehr Hohwa auch schimpfte. Und sogar anderen Kindern gegenüber nahmen sie mich in Schutz. Als mich beim Wasserholen Kinder aus dem Dorf anpöbelten und versuchten, mich zu ärgern, beschützten sie mich wirklich und wiesen energisch darauf hin, dass ich ihre Schwester sei und sie kein Recht hätten, mich so gemein zu behandeln. Natürlich war es damit nicht getan. Die Dorfkinder machten sich weiter über mich lustig und äfften mein schlechtes Arabisch nach. Da stürzten sich Ibrahims Kinder auf sie, und es begann eine wilde Prügelei. Das war das erste Mal, dass sich jemand für mich verwendet hatte!

Hohwa dürfte gar nicht glücklich gewesen sein über diese Solidaritätsaktion …

Auch zu Hause begannen Isa, Nonoya und die kleine Hohwa nun, Partei für mich zu ergreifen. Vor allem wenn ich die Wäsche der siebenköpfigen Familie wusch und es Ibrahim nicht schnell genug ging, dann begann er, mich zu verprügeln – und er war nicht zimperlich dabei. Da kamen meine kleinen Retter und fragten Ibrahim, was das denn sollte und wann er aufzuhören gedenke. Manchmal hatten sie sogar Erfolg mit ihrem Ablenkungsmanöver.

Am liebsten hätte ich selber zurückgeschlagen. Aber ich war ja viel zu klein dafür. In meinen Gedanken allerdings setzte ich mich anfangs noch zur Wehr. Es machte mich total wütend, geschlagen zu werden, obwohl ich ja stets versuchte, mein Bestes zu geben. Und auch Gott verstand ich nicht. Er hätte Ibrahim doch an meiner Stelle ohne Schwierigkeiten schlagen können. Warum tat er es denn nicht? Ich hasste Ibrahim und seine Frau so sehr, dass ich ihnen von Herzen wünschte, Gott würde sie richtig schwer strafen.

Doch nach und nach war ich noch nicht einmal mehr zornig. Ich war einfach nur müde, erschöpft und unendlich traurig. Ich gab es zunehmend auf, mich für irgendetwas aufzureiben, ja, ich gab mein Leben auf. Sterben wurde mit der Zeit begehrenswerter als leben. Manchmal beneidete ich meine Freunde und Verwandten, die von den muslimischen Milizen umgebracht worden waren. Sie hatten ein Ende mit Schrecken erlebt, aber ich erlebte einen Schrecken ohne Ende!

8. Vergewaltigt

Trotz der miserablen Verpflegung war auch ich mit dreizehn Jahren ein Teenager geworden. Eigentlich war das eine erfreuliche Tatsache, da ich nicht erwartet hatte, überhaupt so alt zu werden. Doch nun begann für mich ein Kapitel, das so schrecklich war, dass ich mir wieder wünschte, Gott hätte mich sterben lassen.

Nicht nur ich war älter geworden, sondern auch Mohammed, der älteste Sohn der Familie. Eines Nachts stand plötzlich ein schwarzer Schatten in der Küchenhütte, in der ich immer schlief. Ich war total erschrocken, und dann erkannte ich Mohammed. In dieser Nacht vergewaltigte er mich vier Mal. Angst, Ekel und Schmerz überwältigten mich, und ich begann mich zu wehren. Ich kratzte, biss und zerrte an seinen Haaren, und schließlich schrie ich so laut um Hilfe, dass auch seine Eltern diesen Alptraum nicht mehr ignorieren konnten. Sie polterten an die Wand, und ich hoffte, sie würden nun endlich eingreifen und dem Treiben ihres Sohnes ein Ende bereiten. Doch was schrien sie zu mir herüber? Ich solle gefälligst still sein, die ganze Stadt würde noch von meinem Gezeter aufwachen! Und dann meinten sie zu allem Überfluss: «Stell dich nicht so an!»

Keiner kam mir zu Hilfe, niemanden interessierte, was mit der Sklavin passierte. Das war fast so furchtbar wie die Vergewaltigungen an sich. Die Tatsache, dass sich niemand für mich einsetzte und dass man mit mir machen konnte, was man wollte, war erschreckend. Und Mohammed machte weiter. Noch nie in meinem Leben habe ich mich so grauenhaft gefühlt. Noch vor meiner ersten Menstruation musste ich zur Befriedigung des ältesten Sohnes herhalten. Immer wieder sagte ich Hohwa, was nachts passierte, weil ich hoffte, sie als Frau würde zu mir halten. Aber sie ignorierte mich einfach. Und Mohammed kam immer wieder – mal nach drei Nächten, mal nach fünfen. Er hatte keine regelmäßige Frequenz. Wahrscheinlich sollte ich in der Zwischenzeit das Problem vergessen. Aber es war jede Minute des Tages für mich präsent. Tagsüber schuftete ich wie ein Tier, und nachts wartete ich immer mit vor Angst verkrampftem Körper auf Schritte in meiner Hütte und auf den Schatten über meinem Tisch.

- Bei den Überfällen der Dschandschawid und anderer arabischer Milizen wird bereits während eines Überfalls jede dritte Frau vergewaltigt.
- Im Laufe ihres Sklavendaseins werden zwei von drei Frauen Opfer sexueller Übergriffe.
- «Amnesty International» belegt allein in der Region Darfur Hunderte von Fällen sexueller Gewalt.

9. Verkauft wider Willen

Ich war mir eigentlich sicher, dass es jetzt nicht mehr schlimmer kommen könnte. Das Leben war ja eine einzige Qual. Doch eines Abends kam Ibrahim in Begleitung eines Fremden nach Hause. Ibrahim rief mich herbei und eröffnete mir: «Von nun an gehörst du diesem Mann und gehst jetzt mit ihm nach Hause. Ich habe dich an ihn weitergegeben.»

Die Welt stürzte über mir zusammen. Das konnte einfach nicht wahr sein! Warum sollte ich mit diesem Wildfremden weggehen? Ich kannte ihn nicht, ich hatte ihn noch nie zuvor gesehen, und ich wollte nicht die einzigen Menschen verlassen, bei denen ich eine Art Heimat gefunden hatte, auch wenn sie noch so schrecklich war. Die Angst vor dem Ungewissen war überwältigend. Aber ich saß wie immer am kürzeren Hebel, und was ich wollte, interessierte niemanden. Ich wusste noch nicht einmal, ob ich verkauft oder verschenkt worden war. Fest stand lediglich, dass dies ein abgeschlossener Handel war, an dem es nichts zu rütteln gab. Von einem Tag auf den anderen war ich weitergegeben worden wie eine Ziege, die man nicht mehr braucht. Es traf mich wie ein Blitz aus heiterem Himmel. An den Tagen zuvor war mit keinem Wort von einem Verkauf die Rede gewesen. Ob sich Ibrahim mit mir eine goldene Nase verdient, mich für ein paar Kamele eingetauscht oder einfach ein Geschenk gemacht hatte, sollte ich nie erfahren. Es ging mich nichts an. Sicher war nur, dass ich gehen musste.

Die drei Jüngsten der Familie wurden zunächst richtig wütend. Sie stampften und tobten und begannen schließlich, um mein Bleiben zu betteln und Ibrahim darauf hinzuweisen, dass sich jetzt niemand mehr um den Haushalt kümmern würde.

«Sie soll hier bleiben, sie ist unsere Schwester! Warum gibst du sie denn einfach weg? Sie ist die Einzige, die hier überhaupt arbeitet!»

Aber Ibrahim schob sie beiseite und speiste sie mit dem Versprechen ab, bald eine neue Sklavin zu kaufen.

Daraufhin begannen die Kinder, sich mit all ihrer Fantasie eine andere Möglichkeit auszudenken, um mich aus meiner brenzligen Situation zu befreien. Ich sollte fliehen. Allerdings fiel ihnen dann ein, dass auch dies keine wirklich gute Idee war, denn schließlich könnte ich unterwegs von einem Löwen gefressen werden oder anderen bösen, fremden Menschen in die Hände fallen, die mich dann töten würden.

An diesem Abend musste ich wie gewohnt arbeiten. Aber ich konnte mich auf nichts konzentrieren. In meinem Kopf war nur noch die Angst vor dem nächsten Tag und vor dem, was kommen sollte. Es gab keine Möglichkeit, sich diesem getätigten Handel zu entziehen. Ich hatte zu gehorchen. Ich hatte keine Wahl. Ich musste gehen.

10. Die dritte Frau

Mein neuer Herr hieß Isa Hussein. Er lebte als Tierfarmer in der Nähe von Meiram und züchtete Kühe, Ziegen und Kamele. Die Ortschaft war ein paar Kilometer von Meiram entfernt und kleiner als die Stadt. Isa hatte zwei Frauen, die beide älter waren als ich. Asha hatte zwei Kinder, nämlich Limia und Zahra, und Nura hatte ein Kind, das Athaf hieß.

Als mich Isa nun den Frauen vorstellte, geschah etwas, was mir seit sieben Jahren nicht mehr passiert war: Ich wurde willkommen geheißen! Ich traute meinen Augen und Ohren nicht. Es war einfach wunderbar. Asha und Nura wuschen mich, brachten mir das Essen und sagten, ich solle erst mal gar nichts tun. Sie feierten meine Ankunft regelrecht! Immer wieder kamen Nachbarinnen und Freundinnen vorbei, um mich zu begutachten. Das war einer der schönsten Momente in meinem Leben. Und ich dachte, dass ich hier am Ende vielleicht doch bei guten Menschen untergekommen war. Die Situation machte mir so viel Hoffnung, dass in mir langsam die Gewissheit wuchs, dass doch noch alles gut werden würde in meinem Leben.

Aber das Glück blieb nur zwei Tage bestehen. Dann änderte sich die Situation schlagartig in das mir wohlvertraute Gegenteil. Isa teilte seinen beiden Frauen mit, dass ich nicht nur ihre neue Sklavin sein würde, sondern auch seine dritte Frau. Damit war der Ofen aus. Ich durfte mich nicht mehr zu ihnen setzen, musste wie gewohnt wieder alleine essen und wurde auch sonst zu einer unerwünschten Person. Die Freude der beiden Frauen über eine Sklavin, die kostenlos für sie arbeiten würde, wich der brennenden Eifersucht, nun auch noch eine Nebenbuhlerin zu haben.

Was *ich* bei dieser Transaktion dachte und empfand, war offenbar vollkommen uninteressant. Die Frage, was es bedeutet, mit vierzehn Jahren mit einem wildfremden Mann verheiratet zu werden, stellte sich niemand.

Isa ignorierte den Ärger seiner beiden Frauen. Er war der Herr des Hauses und konnte darin schalten und walten, wie es ihm beliebte. Er besaß vier Rundhütten. Eine für sich, je eine für seine beiden Frauen und die vierte zum Kochen. Darin schlief ich, wie auch schon bei Ibrahim. Abends entschied sich Isa dann, mit welcher seiner Frauen er die Nacht verbringen wollte. Wählte er mich aus, keiften und schimpften die beiden anderen vor seiner Tür, bis er sie fortschickte. Wenn er mit Asha oder Nura schlafen wollte, hatte ich die Order, diese dann in seine Hütte zu schicken.

Mich gegen ihn zu wehren, war vollkommen sinnlos. Er war mein Mann, und es war sein gutes Recht, mit mir zu schlafen. Von Monat zu Monat fühlte ich mich leerer, und ein verzweifelter Gedanke nahm langsam in mir Gestalt an: Flucht! Als ich zu Ibrahim gekommen war, war ich zu klein gewesen, um eine Flucht zu planen und auch tatsächlich durchzuführen. Aber nun war ich älter und wollte nur noch eins – und zwar weg!

Hier würde es mit Sicherheit anders zugehen als bei Ibrahim. Es gab weitaus mehr zu tun, und es gab gleich zwei Frauen, die mich hassten.

Recht überstürzt floh ich dann tatsächlich eines Tages. Natürlich ohne Erfolg. Schon bald hatte Isa mein Verschwinden bemerkt und rannte hinter mir her. Er packte mich und verprügelte mich noch an Ort und Stelle. Dann brachte er mich zurück. In den nächsten Wochen versuchte er, meinen Willen mit Schlägen zu brechen, damit ich nie wieder auf eine derartige Idee kommen würde. Aber tief in mir stand fest: Wenn ich überleben wollte, musste ich von hier wegkommen. Hier gab es keine Kinderfraktion, die sich für mich einsetzen würde, sondern lediglich drei Erwachsene, deren einziges Interesse meine Arbeitskraft und mein Körper waren.

11. Arbeit ohne Ende

Grundsätzlich hatte ich in der neuen Familie die gleichen Aufgaben zu erledigen wie bei Ibrahim. Ich arbeitete für die beiden Frauen, wusch ihre Babys, reinigte die Hütten und spülte das Geschirr. Dann erledigte ich die Wäsche, holte Wasser und sammelte Holz. Wenn ich mit diesen Aufgaben fertig war, drückte Asha mir ihre ein- und zweijährigen Kinder in die Arme, ebenso tat es Nura mit ihrem ein Jahr alten Baby, und dann verschwanden die beiden, um bei den Nachbarinnen einen ausgiebigen Schwatz zu halten. Ich blieb zu Hause und kümmerte mich um die drei Kinder. Oft verließen Asha und Nura noch vor dem Frühstück das Haus, um eine Freundin zu besuchen. Kehrten sie dann aber zurück, musste das Essen fertig auf dem Tisch stehen. Um alles rechtzeitig bewältigen zu können, stand ich bereits um vier Uhr morgens auf und holte Wasser. Anschließend erledigte ich alle anderen Hausarbeiten – bis die Sonne wieder unterging. Tag für Tag, Woche für Woche …

Der einzige Unterschied zu der Familie vorher war, dass ich nun mit den beiden Frauen zusammen aß. Obwohl sie mir im ersten Anfall der Eifersucht verboten hatten, gemeinsam mit ihnen zu essen oder zu arbeiten, hatte Isa das Gegenteil befohlen, denn schließlich war ich ja nicht nur Sklavin, sondern auch seine dritte Frau. Doch wenn Isa nicht in der Nähe war, und das war er tagsüber meistens nicht, dann musste ich wieder alleine essen. Manchmal war das auch besser so, denn ihr dauerndes Gemecker und die Streitereien der beiden waren unerträglich.

Wenn Isa merkte, was seine Frauen so trieben, sprach er mich darauf an. Aber ich sagte ihm dann meistens, dass es so in Ordnung wäre. Ich hatte nämlich keine Lust, hinterher noch mehr Ärger mit den beiden zu bekommen, nur weil Isa sich für mich eingesetzt hatte. Sie hatten auch so schon immer etwas an mir auszusetzen, und wenn sie genug gekeift hatten, wurden sie auch handgreiflich. Ging etwas nicht nach ihrem Willen oder nicht schnell genug, schlugen sie einfach mit der Hand zu. Sie schubsten mich zu meinem nächsten Auftrag oder zogen mich an den Haaren, um mich zur Eile anzutreiben. Manchmal, wenn es richtig schlimm wurde und sie regelrecht auf mich eindroschen, ging ich abends dann doch zu Isa und informierte ihn über die Attacken. Dann wurde er richtig wütend, und Asha und Nura bekamen eine ordentliche Abreibung.

«Schlagt sie gefälligst nicht! Ich habe sie zum Arbeiten hergebracht, aber nicht, damit *ihr* sie schlagen könnt! Sie ist die Einzige hier, die arbeitet. Also hütet euch!»

Und dann bekamen auch die beiden ersten Frauen Isas Zorn am eigenen Körper zu spüren.

Das Verrückte war, dass sie mich dann zur Strafe, weil ich sie an Isa verraten hatte, wieder schlugen und traten. Es war ein nie enden wollender Kreislauf, und ich war eigentlich immer die Verliererin. Die Revanche war gewiss. Sie forderten mich auf, Isa nicht zu erzählen, wenn sie mich schlugen. Aber ich hatte nichts zu verlieren, weil sie mich ja ohnehin schlagen würden, so oder so. Also konnte ich wenigstens zwischenzeitlich für mein Recht eintreten, auch wenn es wenig brachte.

Wenn ich beim Wasserholen die anderen Sklavinnen traf, erzählte ich ihnen von meiner neuen Situation. Ich begegnete nach wie vor denselben Sklaven, die ich schon mit sechs Jahren getroffen hatte, da die Wasserstelle genau wie der Markt auch nach meinem Familienwechsel die gleichen geblieben waren.

Die anderen waren ziemlich schockiert gewesen, dass Ibrahim mich so einfach an Isa weitergegeben hatte. Auch sie fanden, dass dies eine ausgesprochen üble Sache gewesen war. Immer wieder wurden die Möglichkeiten einer Flucht erörtert, denn auch den anderen ging es nicht gut. Aber ich fand keine geeignete Gelegenheit, um abzuhauen. Mir war klar: Wenn man mich dabei erwischte, würde Isa wütend auf mich werden, und das Ergebnis könnte verheerend sein. In meinem Herzen und meiner Seele schrie ich zu Gott. Aber ich sah keine Möglichkeit, diesen Ort zu verlassen – auch nicht nachts. Entweder schlief ich bei Isa in der Hütte oder in der Küche. Aber egal, wo ich war, ich fürchtete mich, in die Dunkelheit zu flüchten, und ich wusste auch nicht, in welche Richtung ich mich hätte wenden müssen. Es war ein aussichtsloses Unterfangen.

So blieben unsere Gespräche über eine Flucht stets Traumgespinste, ebenso wie die Möglichkeit, ein normales Leben zu führen. Wir vermissten alle die Schule und die Chance, durch Bildung einmal ein anderes Leben führen zu können. Wir sehnten uns danach, mit anderen Kindern zu spielen und bei unseren Familien zu sein, geliebt zu werden und ein sorgloses Kinderleben zu führen.

Aber allzu oft dachte ich lieber nicht daran, was war und was hätte sein können, weil sich dann mein Kummer und meine Bitterkeit wie eine schwarze Wolke um mich legten und mir fast die Luft zum Atmen nahmen. Während ich mir als Kind nur gewünscht hatte, tot zu sein, erwog ich nun die

Möglichkeit, mich selber umzubringen. Dieses Leben war kein Leben. Es war lediglich eine Abfolge von Arbeit und Ausbeutung, von Ablehnung und Ausnutzung.

An manchen Tagen arbeitete ich von morgens vier Uhr bis Mitternacht. Mir war oft übel vor Müdigkeit und Erschöpfung, und ein Ende dieser Tortur war nicht in Sicht. Aber ich erinnerte mich daran, dass sich Christen nicht umbringen durften. Ich hatte irgendwo gehört, dass man, wenn man sich umbringt, immer auch noch eine zweite Person tötet. Einerseits zerstört man sich selbst und andererseits den Geist, den Gott in einen gelegt hat. Ob das so stimmte, wusste ich nicht, aber es gab mir doch ganz schön zu denken. Also ließ ich das mit dem Selbstmord bleiben. Aber die Versuchung, diesem Elend ein Ende zu bereiten, war schon sehr groß …

12. Wenn Kinder Kinder bekommen

Im Alter von knapp 14 Jahren war ich mit Isa verheiratet worden. Bereits vorher hatte Mohammed mich regelmäßig vergewaltigt. Ich war also schon lange vor meiner ersten Menstruation kein unbeschriebenes Blatt mehr. Aber das hieß bei weitem nicht, dass ich auch nur die geringste Ahnung gehabt hätte, was da mit meinem Körper geschah. Ich war weder aufgeklärt worden, noch hatte sich irgendjemand die Mühe gemacht, mit mir über das Erwachsenwerden meines Mädchenkörpers zu sprechen.

So war es für mich ein grauenhafter Moment, als ich meine erste Menstruation bekam. Ich blutete und war mir sicher, schwer krank zu sein. Total hysterisch schrie und weinte ich, aber weder Asha noch Nura sahen sich genötigt, mir zu erklären, was mit mir geschah. Sie wollten mir nicht sagen, dass ich nun Kinder bekommen konnte. Denn schließlich würde ich dann noch viel mehr zur Konkurrenz werden. Durch das Geschrei gestört, eilte schließlich Isa herbei, um zu sehen, was los war. Er erklärte mir, dass dies eine normale Sache sei, die sich nun jeden Monat wiederholen würde. Das Ganze war mir sehr unheimlich, und ich fürchtete mich richtig. Aber Isa versuchte mir klarzumachen, dass alles in Ordnung war. Langsam beruhigte ich mich wieder und hörte auf zu schreien.

Und bald freute ich mich sogar auf meine Periode, denn wann immer sie begann, sagte ich es Isa. Der wiederum teilte es den beiden anderen Frauen mit, und ich durfte mich drei Tage lang ausruhen und musste nicht arbeiten. Und Asha und Nura haben diese Anordnung tatsächlich akzeptiert. Das waren meine ersten «Ferien» nach sieben Jahren ununterbrochener Arbeit.

Mit fünfzehn bekam ich dann mein erstes Baby – einen Jungen. Während meiner Schwangerschaft war ich unendlich müde. Die viele Arbeit schien kein Ende zu nehmen. Und da ich ja noch sehr jung war, überforderte mich die ganze Situation gewaltig. Isa erteilte wie immer eindeutige Anweisungen: «Schlaf nicht! Du bist schwanger, nicht krank! Arbeite langsamer und nicht zu viel. Mach einfach die kleinen Dinge.»

Seine beiden anderen Frauen wies er an, mich nicht zu überstrapazieren, sonst würde ich krank werden. Er setzte sich vor allem deswegen für mich ein, weil es hier um *sein* Kind ging. Doch Asha und Nura sahen das natürlich überhaupt nicht ein.

«Warum arbeitet sie nicht? Schwangerschaft ist etwas ganz Normales, damit kann man trotzdem arbeiten! Und schließlich hast du sie doch *zum Arbeiten* hergebracht!»

Doch Isa ließ sich nicht erweichen.

So begann ich meinen Tag nun ruhiger. Ich hatte zwar fast die gleichen Aufgaben wie zuvor, aber ich arbeitete in einem langsameren Tempo. Zuerst für Asha, dann für Nura. Wasser holen musste ich nun nicht mehr, das war zu weit und zu schwer. Isa wollte auf keinen Fall eine Fehlgeburt riskieren, daher wurde seinen Anweisungen auch Folge geleistet. Weil ich aber weniger arbeitete, durfte ich nun nicht mehr am Gemeinschaftsessen teilhaben und musste für mich extra kochen.

Den beiden Frauen ging mein Schongang absolut gegen den Strich, und sie ließen mich ihren Unmut nur zu deutlich spüren. Auch die gesamte Nachbarschaft wurde über die «Ungerechtigkeit» informiert, dass Asha und Nura nun zunehmend wieder selber arbeiten mussten. Ihnen wäre es nur recht gewesen, wenn ich das Baby verloren hätte. Sie hatten vor allem die eine Sorge, dass Isa mich ihnen vorziehen würde, wenn ich ihm nun ein Kind schenken würde. So versuchten sie wiederholt, mich zu mehr Arbeit anzutreiben, und weckten mich auf, wenn ich ihrer Meinung nach zu viel schlief. Aber Isa schaute immer wieder nach dem Rechten, denn wenn es um seinen Nachwuchs ging, nahm seine Nachsichtigkeit gegenüber Asha und Nura rapide ab.

Insgesamt vier Kinder bekam ich innerhalb von fünf Jahren. Osman hieß mein ältester Sohn, eineinhalb Jahre später kam Bakhit auf die Welt. Als ich achtzehn Jahre alt war, bekam ich meine erste Tochter Kadiga, und zwei Jahre später wurde dann noch Hawa geboren. Ich liebe meine Kinder über alles! Sie sind das Beste, was mir in den vergangenen Jahren passiert ist. Und sie sind zum Glück alle gesund auf die Welt gekommen.

In den Pausen zwischen den Geburten und den neuen Schwangerschaften musste ich dann wieder wie gewohnt als Sklavin arbeiten. Sobald klar war, dass das neue Baby wohlauf war, bekam ich ein gewaltiges Arbeitspensum aufgeladen, als wollten sich Asha und Nura für meine Pause rächen und mich alles nachholen lassen, was ich in den vergangenen Monaten an Arbeit «verpasst» hatte. Der einzige Unterschied zu vorher war, dass ich alles etwas freier einteilen konnte. Da ich noch meine eigenen Kinder zu versorgen hatte, erledigte ich erst meine eigenen Sachen in Isas Haus und ging dann arbeiten, erst bei der einen Frau, dann bei der anderen.

Mein Stellenwert war leicht gestiegen: Ich war zwar weiterhin Sklavin, aber auch die Mutter von Isas Kindern. Wenn die beiden anderen Frauen nun meinten, sie müssten mich zur Arbeit antreiben, indem sie mich traten, schubsten oder an den Haaren zerrten und dabei ein wildes Gekreische veranstalteten, schaltete sich jetzt oft Isa ein. Er schlug einfach zurück, wenn sie mich schlugen, was die Lage allerdings keineswegs entspannte.

«Warum hast du die überhaupt hergebracht?! Wir schlagen sie, wie wir wollen, dann versteht sie wenigstens, was wir sagen!» zeterten sie mit ihrem Mann. Isa schnaubte zornig, drohte mit der Faust und wendete sich dann wieder seinen Geschäften zu.

Viel schlimmer aber als die Tatsache, dass ich schikaniert wurde, war der Umstand, dass auch meine Kinder von den beiden Frauen schlecht behandelt wurden. Asha und Nura mochten meine Kinder verständlicherweise nicht und regten sich furchtbar darüber auf, dass Isa sie genauso behandelte wie ihre Kinder. «Es sind doch nur die Kinder einer Sklavin!» schimpften sie dann meist.

So sorgten sie dann auch dafür, dass meinen Kindern eingebläut wurde, dass sie bei weitem nicht mit ihren Sprösslingen gleichwertig wären. Sie kommandierten sie in der Gegend herum und meckerten und schimpften so lange mit ihnen, dass sie schließlich das Weite suchten und nicht mit ihren Kindern spielten. Wenn ein Kind mit dem anderen stritt, bekam garantiert meines die Schuld und gleich noch die Ohrfeigen dazu. Die Kinder verstanden das natürlich nicht, sie waren ja noch viel zu klein. Meistens gingen sie dann auseinander, um nur wenig später wieder zusammen zu spielen. Die Vorgaben ihrer Mütter interessierten sie weitaus weniger als ihre Spielkameraden. Und Asha und Nura waren viel zu bequem, um ständig ihre Kinder von den meinen fern zu halten. Schließlich war ich ja auch ihr Babysitter, und somit waren sie dann letztlich doch mehr an ihrer Ruhe interessiert als an der Separierung ihrer Kinder.

Wenn die beiden ihre Kinder alleine bei mir zurückließen, hatten wir alle keine Probleme. Als was die Kleinen mich eigentlich ansahen, wusste ich zuerst nicht. Aber sie hatten mich gern und gewöhnten sich schnell an mich. Und genau da begann ein neues Problem. Denn obwohl Asha und Nura eigentlich froh waren, ihre Kinder bei mir lassen zu können, während sie ihre zahlreichen Nachbarschaftsbesuche tätigten, packte sie die Eifersucht, als sie merkten, wie sehr mich die Kleinen mochten. Denn ziemlich bald nannten sie mich *Mama*, was kein Wunder war: Schließlich war ich es ja, die sie Tag für Tag badete, fütterte und wickelte. Ich spielte mit ihnen, tröstete sie, wenn sie hingefallen waren, und machte Späße, wenn sie quengelig wurden. Ich war immer für sie da.

Wenn Asha und Nura mitbekamen, dass Limia, Zahra oder Athaf mich Mama nannten, wurden sie fuchsteufelswild. «Das ist unsere Sklavin!» schrien sie die verdutzten Kinder an. «Sie arbeitet für uns, mehr nicht!» Verstanden haben die drei das natürlich nicht, aber mir hat es jeweils wieder eine Wunde mehr beigebracht.

Lediglich Isa war gut zu meinen Kindern. Er kümmerte sich intensiv um sie. Wenn sie nach ihm riefen, dann war er auch für sie da.

13. Freitagsprügel

Isa war der Einzige, der mich ab und zu lobte, wenn er mit meiner Arbeit zufrieden war. Doch Liebe erhielt ich von ihm letztlich nicht. Und zwar aus einem einzigen unabänderlichen Grund: Ich war keine Muslimin. Wäre ich Muslimin gewesen, hätte er mir weitaus mehr Liebe gezollt, als dies nun der Fall war. Aber ich weigerte mich hartnäckig, meinen Glauben zu verlassen. Deswegen stellte er mich seiner Familie auch nicht als seine dritte Frau vor. Ich wusste nie, wer nun wer war, und meistens wurde ich sowieso weggeschickt, um zu arbeiten, wenn seine Brüder zu Besuch kamen. Eine fremde Nichtmuslimin war ja nichts wert.

Und genau das war es, was mein Leben in Meiram schließlich zur Hölle machte. Jeden Freitag aufs Neue begann Isa, mich dazu zu überreden, mit ihm in die Moschee zu gehen, um zu Allah zu beten. Meine Ablehnung machte Isa rasend vor Wut. Voller Zorn drosch er auf mich ein. Wieder und wieder schlug er mir mit der flachen Hand ins Gesicht. Das Blut lief mir aus der Nase, und meine Haare waren zerzaust. Aber er ging schließlich ohne mich in die Moschee.

Diese Prozedur wiederholte sich Freitag für Freitag. Isa schlug mich Woche für Woche im Namen Allahs. Aber ich konnte meinen Glauben nicht aufgeben, auch wenn es mir dann wahrscheinlich bedeutend besser gegangen wäre. Ich betete einfach zu Gott: «Oh Gott, du bist mein einziger Beschützer. Du kannst mich behüten und von hier wegführen, so dass ich Vater und Mutter wiederfinden kann. Amen.» Meinen Glauben öffentlich leben konnte ich nicht. Also betete ich heimlich, wenn ich im Bett war. Leider besaß ich auch keine Bibel. Sowohl bei Ibrahim als auch bei Isa gab es nur den Koran. Aber ich hielt dennoch an dem Glauben fest, den ich aus meiner Heimat und aus meiner Familie mitgebracht hatte.

Zu Hause hatte mein Vater oft aus der Bibel vorgelesen oder Geschichten daraus erzählt. Daran konnte ich mich erstaunlicherweise immer noch erinnern. Auch wenn ich sonst sehr viele Dinge von damals vergessen hatte, so wusste ich doch immer noch viele dieser biblischen Geschichten, die mich trösteten oder mir Mut machten. Das war wahrscheinlich Gottes besonderes Geschenk an mich in dieser schlimmen Zeit. Meine einzige Hoffnung ruhte auf Gott, eine andere Hoffnung als ihn gab es nicht. Ich hatte gelernt, dass er bei mir ist, wohin ich auch gehen würde. Und so war es auch: Gott war da. Er war immer um mich, er war auch in meinem Kopf und in meinem Herzen, wenn der Zorn und das Selbstmitleid mich gepackt hatten und ich lieber tot als lebendig gewesen wäre. Gott war mehr als mein Beschützer. Er wurde zu meinem Vater, zu meiner Mutter und zu meinen Schwestern. Er war meine Familie. Der Vater, Jesus und der Heilige Geist waren meine einzige Freiheit.

Bereits als Kind hatte ich ja erfahren, dass man Gott um Heilung bitten kann, wenn man krank geworden ist. In der Zeit der Gefangenschaft war das nicht anders. Auch hier hat mich Gott nicht im Stich gelassen. Wenn ich krank wurde, betete ich. Dann half mir Gott, und ich wurde wieder gesund. Wäre es nicht so gewesen, wäre ich schon längst gestorben. Denn einen Arztbesuch für eine Sklavin hätte keiner meiner Herren bezahlt.

Mein Glaube war eines der wichtigsten Dinge in meinem Leben, dafür lohnten sich auch Schläge am Freitag. Aber Isa wurde immer brutaler. Meine Weigerung, seinen Glauben anzunehmen, ließ ihn immer fanatischer werden.

An einem Freitag begann er wieder: «Das Christentum ist eine schlechte Sache. Der Islam ist besser.»

Man wollte mir Jesus aus dem Herzen nehmen, aber das kann keiner! Ich lehnte also wie gewohnt ab: «Ich mag den Islam nicht.»

Isa erwiderte: «Der Islam ist aber gut. Wenn du zum Islam kommst, wird alles besser!»

Das war wirklich sehr verlockend, aber es sprach mich trotzdem in keiner Weise an. Es war nicht meine Sache. Mein Großvater war kein Muslim, mein Vater war kein Muslim, und ich würde auch keine Muslimin werden!

Noch während ich das sagte, griff Isa nach einem Stock und schlug damit auf mich ein. «Dich werde ich schon noch dazu bringen, Allah anzubeten!» Er prügelte so lange auf mich ein, bis ich die Gebetshaltung der Moslems eingenommen hatte. Da kauerte ich nun vor ihm und hoffte nur, er würde mich nicht vollends töten. Aber Isa hatte noch nicht genug, er wurde immer wütender und begann mich mit Tritten zu bearbeiten, immer heftiger trat er zu.

«Allah ist größer!» schrie er immer wieder. «Dein Glaube ist nichts» – bis es plötzlich Knacks machte und mir die Rippen brachen.

Ich hatte das Gefühl, keine Luft mehr zu bekommen. Mein ganzer Brustkorb schmerzte, aber es war merkwürdig: Je zorniger Isa wurde, desto weniger war ich bereit, meinen Glauben für den Islam zu opfern.

Und während ich noch auf dem Boden lag, sagte ich zu ihm: «Es wäre besser, mich zu töten, als dass ich Muslimin werde. Ich bin für den Tod bereit. Mein Brustbein ist kaputt, ich kann jederzeit sterben. Tu, was immer du tun musst, aber ich werde keine Muslimin.»

Was er dann sagte, ließ mir allerdings das Blut in den Adern gefrieren: «Dann nehme ich dir die Kinder weg!»

Das durfte einfach nicht wahr sein! Er hatte mich an meiner einzigen wirklich empfindlichen Stelle getroffen. Es war nicht so tragisch, dass ich mit dieser Verletzung keinen Arzt zu Gesicht bekam, das hatte ich gar nicht erwartet. Auch dass ich keine Schmerzmittel bekam, war von vornherein klar. Ich musste ganz normal weiterarbeiten, und Isa war diesmal nicht darum bemüht, mir irgendwelche Ruhezeiten einzuräumen. Für dieses Problem war ich selbst verantwortlich. Da gab es keine Gnade.

Aber dass Isa nun gedroht hatte, mir die Kinder wegzunehmen, das war einfach grauenhaft.

Osman und Bakhit schickte er bereits in eine strenge Koranschule. Und was er mit ihnen im Sinn hatte, war einfach fürchterlich. Isa wollte, dass seine Söhne später selber im Südsudan auf Sklavenjagd gingen! Sie sollten einmal genau solche brutalen Überfälle machen wie der, dem ihre eigene Mutter und deren ganze Familie zum Opfer gefallen war!

Das fand ich so unglaublich, dass mir erst nach und nach

ein Licht aufging: Isa hatte mich gekauft oder geschenkt bekommen, um mit mir jede Menge Kinder in die Welt setzen zu können – Kinder für den Islam. Meine eigenen Kinder sollten zu gewissenlosen Mördern, Vergewaltigern, Kinderdieben und Brandschatzern herangezogen werden. Isa wollte eine eigene kleine Armee züchten. Und ich sollte dazu herhalten. Eine Sklavenjäger-Gang – durch mich produziert!

Das Einzige, was ich in dieser Situation tun konnte, war, meinen Söhnen immer wieder einzuschärfen, die Dinge, die ihnen in der Koranschule beigebracht wurden, nicht zu glauben.

«Nehmt das nicht in euch auf, was sie euch sagen. Tut einfach nur so, als würdet ihr das glauben, aber lasst es nicht an euch herankommen. Das ist nicht eure Kultur. Geht hin und spielt Muslime, aber werdet keine!»

Osman und Bakhit beteuerten mir immer wieder, dass sie nichts von dem glaubten, was ihnen erzählt worden war. Aber es war für sie als Kinder natürlich trotzdem sehr schwer zu unterscheiden, was richtig und was falsch war, und sie waren zwischen den Kulturen hin und her gerissen. Ich habe versucht, ihnen von ihren Großeltern zu erzählen und von meiner Heimat, die ja auch ihre Heimat war. Und ich habe versucht, ihnen meinen Gott nahe zu bringen; den Gott, der die Menschen liebt und der nicht will, dass jemand zum Glauben an ihn gezwungen wird.

Je älter sie wurden, desto mehr spürten meine Kinder den Unterschied zwischen Asha und Nura und mir, der Sklavin. Und je mehr ihnen klar wurde, wie schlecht ich und manchmal auch sie behandelt wurden, desto leichter fiel es mir auch, sie davon zu überzeugen, dass der Islam nicht ihre Religion sein konnte.

Als Isa mir nun aber androhte, mir die Kinder wegzunehmen, da wusste ich: Ich muss weg von diesem Ort, und zwar mit *allen* meinen Kindern!

14. Die Flucht

Nach meinem ersten unglücklichen Fluchtversuch bei Isa hatte ich lange nicht mehr gewagt, diese Möglichkeit ernsthaft in Betracht zu ziehen. Mit den anderen Sklavinnen hatte ich immer wieder nur darüber geredet, wie es wohl am ehesten zu machen wäre, diesen Ort des Grauens zu verlassen. Am sichersten wäre es wohl gewesen, zu mehreren zu flüchten, da wir uns dann zumindest gegen vereinzelte Angreifer hätten wehren können. Aber die meisten bekamen es dann doch mit der Angst zu tun und fürchteten sich vor der Sinnlosigkeit dieses riskanten Unterfangens. Die Furcht, auf dem Weg in den Süden getötet zu werden, war größer als die Verzweiflung vor dem Elend, das sie bei ihren Herren erwartete. So wurde eben nichts aus all diesen Träumen.

Aber bei mir war es anders. Mein Leben war an der absoluten Schmerzgrenze angelangt. Ich konnte es einfach nicht mehr ertragen. Lieber würde ich mit meinen Kindern auf der Flucht umkommen, als dass ich das Risiko einging, bei der Arbeit zu sterben und meine Kinder dem Islam zu überlassen!

Was sollte ich bloß machen? Könnte nicht eine übernatürliche Macht eingreifen? Könnte Gott mir nicht ein bisschen entgegenkommen und mir den Weg wenigstens ein klein wenig ebnen? Er hatte doch Engel und himmlische Gewalten. Für ihn wäre das kein Problem. Oder er könnte doch die äußeren Umstände so werden lassen, dass für mich eine Flucht einfacher werden würde. Es passierten doch ständig irgendwelche Kriege, da könnte doch auch eine Armee kommen und gegen die Araber im Nordsudan kämpfen! Das waren meine Gedanken. Aber nichts dergleichen sollte geschehen. Weder tauchten himmlische Heerscharen auf, noch erschienen südsudanesische Männer als rettender Silberstreif am Horizont.

Also musste ich selber handeln. Der Fluchtplan musste

so gestaltet sein, dass auch meine jüngste Tochter Hawa ihn mit ihren vier Jahren bewältigen konnte. Drei Tage tüftelte ich am Für und Wider, an Möglichem und Unmöglichem herum. Ich erwog Zeiten und Strecken, verwarf zu strapaziöse Vorhaben und ging lieber auf Nummer Sicher. Nachts, wenn die anderen schliefen, grübelte ich unentwegt über unsere Flucht nach. Ich saß da und plante und betete zu Gott. Auch tagsüber war nun nichts anderes mehr in meinem Kopf als das eine: Flucht!

Ein großes Problem bestand darin, dass ich nicht einfach hergehen und Isa nach der Richtung fragen konnte, aus der ich damals gekommen war. Dann wäre gleich klar gewesen, was ich vorhatte. Ich musste also auf meinen Instinkt und auf die Sonne achten, um ungefähr die Lage meiner Heimat zu lokalisieren.

Zuletzt entschloss ich mich für folgendes Vorgehen: Ich würde alle Krüge zum Wasserplatz bringen und so den Anschein erwecken, meiner alltäglichen Pflicht des Wasserholens nachzukommen. Dann würde ich zurückgehen, meine Kinder einsammeln und mit ihnen ebenfalls in Richtung Wasserplatz gehen, dann aber einen ganz anderen Weg einschlagen.

Und genau so machte ich es dann auch. An einem sehr heißen Tag zu Beginn des Jahres 2004 wollte ich mein Sklavendasein beenden. Es war neun Uhr morgens. Die Sonne schien bereits warm vom Himmel herab, und ich sammelte meine Wasserkrüge ein, um wie jeden Tag zum Brunnen zu gehen. Meine Hände zitterten, und der Schweiß rann mir den Rücken herunter. Asha keifte mir noch ein «Beeil dich!» hinterher. Sie ahnte nicht, dass dies mit Sicherheit ihre letzte Möglichkeit war, mich anzumaulen. Denn wenn diese Sache schief ginge, würde Isa mich töten, das stand fest. Und wenn sie gelang, würde ich mein zukünftiges Leben ohne sie zubringen.

Ich ging rasch zur Wasserstelle, ließ dort meine Krüge stehen und kehrte dann um, um meine Kinder nachzuholen. Erst jetzt sagte ich ihnen, was ich vorhatte. Wir versteckten uns zunächst im Busch. Dort erklärte ich ihnen, dass wir nun zu Großmutter und Großvater gehen würden, weil Isa sie hier zu Muslimen machen wollte. Das sei nicht gut. Nun würden wir in meine Heimat gehen.

Ich betete, dass Gott uns beschützen möge, dass er bei uns sein möge, weil es nicht sein Wille sein könnte, dass Isa mich und meine Kinder zu Muslimen machte. Darauf vertraute ich. Und so gingen wir los. Wir kämpften uns in der Nähe des Weges durch den Busch, um nicht entdeckt zu werden.

Als es heiß wurde, zogen wir uns noch weitere vierhundert Meter in die Savanne zurück. Dort legten wir uns unter die Bäume und schliefen, bis die größte Hitze vorüber war. Dann gingen wir weiter. Natürlich wollten wir so weit wie möglich kommen, um unsere Chance, tatsächlich zu entkommen, zu erhöhen. Was geschehen würde, wenn Isa uns einfing, daran mochte und konnte ich gar nicht denken. Immer wieder drehte ich mich mit der grauenvollen Panik im Nacken um, unser Verschwinden könnte doch früher aufgefallen sein, als ich gehofft hatte, und Isa würde uns nun wutentbrannt folgen.

Natürlich wollte ich nicht, dass die Kinder etwas von meiner Angst spürten. Für sie war es so schon schlimm genug. Aber ich glaube nicht, dass es mir ganz gelungen ist, ihnen die Illusion eines friedlichen Ausfluges zu vermitteln, zumal wir so etwas noch nie zuvor gemacht hatten.

Erst als die Sonne unterging, machten wir Halt. In der Nacht gingen wir nicht weiter, das war eindeutig zu gefährlich. Ich hätte mir zwar nichts mehr gewünscht, als schnell viele, viele Kilometer zwischen uns und Meiram zu bringen, aber zu leicht konnte man das Opfer von wilden Tieren oder auch von den mir nur allzu bekannten Menschenfängern werden. Dieses Risiko wollte ich auf keinen Fall eingehen.

Außerdem waren die Kinder auch vollkommen erschöpft. Der lange Marsch in dem heißen Sand hatte sie schon jetzt viel Kraft gekostet. Mein ältester Sohn war zu dem Zeitpunkt gerade neun Jahre alt, und meine Jüngste war vier, da war eine Nachtruhe unumgänglich. Wir entfernten uns vom Weg und zündeten uns ein kleines Feuerchen an. Das ist im Sudan nicht weiter verräterisch, denn überall brennen irgendwelche Lagerfeuer. Wir aßen etwas von den Vorräten, die ich mir heimlich zusammengehamstert hatte, und rollten uns dann zum Schlafen ein. Über uns funkelte der Sternenhimmel, und zum ersten Mal seit langer Zeit schöpfte ich Hoffnung, dass vielleicht doch noch alles gut werden würde.

Am nächsten Morgen zogen wir weiter. Mir war klar, dass wir es zunächst nicht nach Wau zurück schaffen würden, denn das war sehr weit entfernt, und ich wollte meinen Kindern einen ähnlichen Horrortrip ersparen, wie ich ihn in ihrem Alter hatte durchmachen müssen. Ich wollte lediglich in den Südsudan gelangen, in den schwarzafrikanischen Teil, in dem Christen wohnen, wo ich meinen Glauben leben könnte und wo meine Kinder nicht zum Islam erzogen werden würden. Dort wollte ich leben und arbeiten und einfach in der Lage sein, meine Kinder einigermaßen ernähren zu können.

Wir waren mehrere Tage unterwegs, viel länger, als damals der Treck gebraucht hatte, um die zweihundert Kilometer von Süd nach Nord zurückzulegen. Aber diesmal drängte die Zeit nicht so sehr, keine Sklavenjäger trieben uns an. Es war lediglich wichtig, uns immer weiter Richtung Süden zu bewegen. Und je weiter wir uns von Meiram entfernten, desto geringer wurde auch die Angst, noch eingeholt zu werden. Trotzdem war es sehr anstrengend, die Kinder wurden von Tag zu Tag müder und unwilliger, und es gab viele Tränen, bis wir endlich eine Ortschaft erreichten, in der wir uns länger ausruhen konnten.

Nach dieser Ruhepause zogen wir noch einmal zwei Tage weiter. Ich wollte nicht allzu nahe an der Grenze zum Norden leben. Zum einen aus Furcht vor neuen Überfällen der Arabermilizen, zum anderen, weil der Landstrich um die Grenze herum vollkommen entvölkert war.

- Das Regime in Khartum hatte in der Grenzregion bereits erreicht, was es sich für den gesamten Südsudan vorgenommen hatte: ethnische Säuberung. Seit etwa zehn Jahren ist ein fünfzig bis hundert Kilometer breiter Streifen entlang der Grenze menschenleer. Wo sich vorher kleine Dörfer befanden, die mit Ackerbau und Viehzucht ihr Leben bestritten, gibt es jetzt nur noch trockene Steppe. Der heiße Wind trägt Sand und Staub in die verödeten Geisterdörfer und lässt das einst fruchtbare Land verdorren.
- Die humanitäre Lage im Südsudan und auch in der Region Darfur ist eine Katastrophe.
- Der Südsudan erlebt zurzeit eine künstlich herbeigeführte Hungersnot.
- Wegen der Verschleppung der Frauen und Kinder und der Ermordung der Männer liegen Felder brach, die sonst ein ganzes Land hätten ernähren können.
- Einer der fruchtbarsten Landstriche Afrikas ist dabei, völlig zu versteppen.
- Die UNO hat mittlerweile die Luftbrücke «Operation Lifeline Sudan» eingerichtet und fliegt jeden Tag Hunderte von Tonnen Hilfsgüter in das Land.
- Dennoch verhungern selbst in den Flüchtlingslagern täglich viele Menschen.
- Auch die Heimkehrer aus dem Norden stehen vor dem materiellen Nichts. Ihnen droht der Hungertod.

15. Im Hier und Heute

Wir ließen uns in einem Dorf rund achtzig Kilometer südlich der Grenze nieder. Mabil heißt die Ortschaft. Selbstverständlich will ich irgendwann wieder nach Wau zurückkehren, denn das war und ist meine Heimat. Ich habe keine Ahnung, was aus meinen Eltern geworden ist. Sobald im Sudan Frieden herrscht, möchte ich mich auf die Suche nach ihnen machen. Aber nun geht es vor allem darum, den Kindern eine Heimat zu geben. Dafür ist Mabil ein guter Ort. Es gibt hier eine fest verankerte christliche Dorfgemeinschaft und kaum Kriminalität.

In den 90er-Jahren war Mabil wie meine Heimatstadt Wau Opfer eines Vernichtungsfeldzuges der Khartumer Milizen geworden. Solche Erfahrungen schweißen zusammen. Und es macht die Menschen bereit, andere Leidensgenossen, so wie mich und meine Familie, in ihr Gefüge aufzunehmen. Ich hatte nichts bei mir, als ich geflohen war. Zwar hatte ich achtzehn Jahre lang geschuftet, aber dafür hatte ich keinen Lohn erhalten, weder Geld noch neue Kleider, noch sonst irgendetwas zur Abgeltung. Also bat ich die Dorfbewohner einfach, ob sie mir beim Bau einer Hütte helfen könnten. Und sie kamen und halfen mir und brachten sogar noch etwas zum Essen mit!

Das Leben hier ist nicht komfortabel, aber wir sind frei, und das ist ein wunderbarer Zustand. Ich muss nun nicht mehr für irgendjemanden sechzehn Stunden am Tag arbeiten. Ich habe überlebt!

Die Schmerzen von Isas letzten Freitagsprügeln sind allerdings noch da. Die gebrochenen Rippen und das geprellte Brustbein bereiten mir nach wie vor Beschwerden, vor allem, wenn es kälter wird. Aber das ist nichts im Vergleich zu dem unbeschreiblichen Gefühl der Freiheit. Was jetzt alleine zählt, ist die Notwendigkeit und der Wille, meine Kinder großzuziehen. Und das ist gar nicht einfach. Früher war der Südsudan ein ungeheuer fruchtbares Fleckchen Erde, aber mittlerweile sind viele Gebiete versteppt, und es gibt kaum noch etwas zu essen. Es wäre schrecklich, wenn wir, nachdem wir nun endlich frei sind, verhungern müssten.

Dennoch bin ich zuversichtlich, dass alles gut werden wird. Ich war sechs Jahre meines Lebens frei. Dann war ich achtzehn Jahre in Gefangenschaft. Da ist ein Gott, der uns befreit hat. Gott ist überall. Er ist der, der mich gemacht hat und mich wieder zurückgebracht hat. Er wird sich jetzt auch um uns kümmern und dafür sorgen, dass die Kinder Nahrung und Ausbildung bekommen. Mein Glaube ist in den letzten Jahren gewachsen, und es ist wundervoll, hier wieder in eine Kirche gehen zu können.

Als wir in Mabil ankamen, habe ich gemerkt, dass die Jahre in der Koranschule für Osman und Bakhit alles andere als gut gewesen sind. Also habe ich beschlossen, sie bei dem Pastor der Gemeinde unterzubringen. Bei den beiden war in all den Jahren ein muslimischer Grund gelegt worden, und ihr Verstand war stark vom Koran geprägt. Das soll sich jetzt unbedingt ändern! Der Pastor kann ihnen am besten helfen zu lernen, wie man Christ wird und was in der Bibel steht. Ich glaube, es geht ihnen sehr gut dort. Es wäre wunderbar, wenn sie eine wirklich gute Ausbildung bekämen und vielleicht Arzt oder Pastor werden würden. Oder bei der Regierung arbeiten könnten, wie es mein Vater getan hat. Aber das wird sich wohl erst später entscheiden. Dass sie aber einen Beruf lernen, mit dem sie anderen helfen können, fände ich wichtig, weil ich denke, dass Gott uns auch aus einem bestimmten Grund geholfen hat zu fliehen.

Meine beiden kleinen Mädchen haben kaum etwas vom Islam mitbekommen, worüber ich sehr froh bin. Zum einen waren sie noch zu jung, zum anderen aber waren es eben Mädchen, die ohnehin keine muslimische Ausbildung erhalten. So leben wir momentan zu dritt in einer Hütte, und das ist schön so. Die Zeit bei Isa war für sie ebenfalls prägend, und ein unbeschwertes Leben konnten auch sie nicht führen. Das können wir jetzt vielleicht ein bisschen nachholen.

Einen Ehemann möchte ich nicht mehr haben. Mein Bedarf an Männern ist gestillt, und außerdem habe ich bereits vier Kinder. Das ist genug. Und wenn ich keine Kinder mehr möchte, dann brauche ich ja auch keinen Mann.

Jeder in Mabil kennt eine Geschichte wie die meine. Sie ist hier Alltag. Aber es ist doch immer wieder ein Wunder, wenn Sklaven in die Freiheit zurückkommen.

Als kleines Mädchen habe ich mich immer vor dem Löwen in der Dunkelheit gefürchtet, dem ich aber nie begegnet bin. Aber nun bin ich tatsächlich einem Löwen begegnet – dem Löwen Zions. Er hat mich aus der Gefangenschaft herausgeführt. Vor vielen Jahren hat das Volk Israel Gott in Ägypten um Befreiung angefleht. «Lass mein Volk ziehen», hatte Mose einst den Pharao gebeten, und genau das habe ich auch von Gott erfleht: «Lass mich ziehen.»

Und er hat uns erhört.

- 300 000 Menschen aus dem Südsudan wurden versklavt. Die Sklavenhalter bezahlten etwa 15 Dollar pro Kopf …
- Eine noch nicht bekannte Zahl aus der Region Darfur erlitt das gleiche Schicksal.
- 84 000 Sklaven wurden durch die Arbeit von CSI freigekauft, und weitere Zehntausende von Sklaven wurden dank dem Druck der Öffentlichkeit auf die sudanesische Regierung freigegeben.
- Im April 2004 wurden fünfhundert Sklaven von der Regierung freigelassen.

Teil 2: Hintergrundstorys

16. So wurde aus der Kornkammer Afrikas ein Armenhaus

Sommer 2004: Im Tiefflug donnert ein vierstrahliger Transportjet der Vereinten Nationen über die Ortschaften rund um Wanyjok. Er fliegt langsam und darum in einem riesigen Radius. Die Besatzung wirft Hilfsgüter ab: Lebensmittel und Gebrauchsgüter für den Alltag.

Es ist eine groteske Situation, denn eigentlich könnte der Südsudan sogar Nahrungsmittel exportieren! Durch eine künstlich herbeigeführte Hungersnot machte die islamistische Militärdiktatur des Nordsudans den Süden jedoch zu einer der ärmsten Regionen der Welt.

Es ist ein unglaublicher Skandal, der sich dort im Sudan abspielt: Das menschenfeindliche Regime stürzte den Süden 1956 in einen Strudel, der immer noch unwahrscheinlich saugkräftig ist und schnell nach unten zieht. Mittlerweile hat er (seit 2003) auch den Westen des Landes erfasst. Mehr als zwei Millionen Menschen hat die arabisch-muslimische Regierung aus dem Norden auf dem Gewissen. Millionen weitere wurden vertrieben und rund 300 000 versklavt. Der christliche bzw. animistische schwarzafrikanische Süden soll zwangsislamisiert werden. Oder leergefegt werden. Oder beides.

Ein ähnlicher Vernichtungskrieg findet nun im Westen des größten Landes von Afrika, in der Region Darfur, statt. Dort bekämpfen die Regierungsmilizen zwar Muslime, aber die sind Schwarzafrikaner und haben darum ebenfalls keinen Platz in dem Land, das sieben Mal größer ist als Deutschland.

Die Weltöffentlichkeit interessierte sich lediglich Mitte 2004 ein paar Wochen lang für die unzähligen grausamen Schicksale in Darfur. Weiter in den Süden schaute man erst gar nicht. Anscheinend denkt man: «Was geht uns der größte Menschenrechtsskandal der Gegenwart schon an?» Und das, obwohl die Krisenzonen so groß sind wie Deutschland und Frankreich zusammen …

17. Der Ursprung des Konflikts

Die Rolle Englands

Der Konflikt, der sich im Augenblick im West- und im Südsudan abspielt, ist zum Teil schon mehrere Jahrzehnte alt.

Von 1899 bis 1953 war der Sudan eine englische Kolonie bzw. ein englisch-ägyptisches Kondominium, was bedeutet, dass sowohl England als auch Ägypten Gebietshoheit über den Bereich des heutigen Sudans besaßen und diese auch entsprechend ausübten.

Im Sudan ist Englisch bis zum heutigen Tag eine der geläufigen Landessprachen.

Großbritannien beendete bald nach seiner Machtübernahme die Sklaverei im Land. Bereits zu Beginn des 20. Jahrhunderts durften keine Sklaven mehr gekauft oder verkauft werden. Die Raubzüge, die zum Menschenhandel dazugehörten, wurden von den Briten unterbunden.

Bei ihrer Entlassung in die Unabhängigkeit wurde die Kolonie Sudan zu einer Republik erklärt: Der moslemisch-arabische Norden wurde gemeinsam mit dem christlichen bzw. animistischen schwarzafrikanischen Süden unter eine Regierung gestellt. Damit war ein Krieg schon vorprogrammiert.

Die USA bildeten einen entscheidenden Faktor

Die Grenzen der unabhängigen Republik Sudan bildeten die alten Kolonialgrenzen. Hier handelte es sich nicht um Grenzen, wie man sie in Europa kennt, wo sprachliche, kulturelle und geografische Zonen, die seit Jahrhunderten bestehen, klar abgesteckt werden. Im Gegenteil: Die Grenzen des Sudans ziehen sich quer durch die im Land lebenden Stämme hindurch. Sie sind zum großen Teil mit dem Lineal gezogen worden. Die Kolonialgrenzen waren ursprünglich nie als Staatsgrenzen gedacht gewesen; sie steckten nur Interessensgebiete ab. Doch sie hatten nach der Unabhängigkeitserklärung den Süden und den Norden mit zwei völlig verschiedenen Volksgruppen unter einem Dach vereinigt. Im Süden leben rund sechzig verschiedene Stämme. Der Lue-Stamm von Helena Adelino beispielsweise ist also nur einer von vielen. Im Norden hingegen leben arabischstämmige Muslime.

Dass aus dem Kolonialgebiet ein Staat wurde, war nicht die Schuld des britischen Empires. Es war vor allem eine der Bedingungen der USA für ihren Eintritt in den Zweiten Weltkrieg: Sie wollten bei der Auflösung der Kolonien mitreden. Es ist dem Diktat der amerikanischen Administration in Washington zu «verdanken», dass die kolonialen Reißbrettlinien zu Staatsgrenzen wurden.

Praktisch auf Knien angefleht

Es war weithin absehbar, dass es bei dieser brisanten ethnischen Mischung so vieler verschiedener Stämme zu einem Krieg kommen würde. Bei genauer Betrachtung der Gegebenheiten des Landes und bei der Berücksichtigung der kulturellen und religiösen Unterschiede in der Bevölkerung hätte sich einer der größten Konflikte des 20. Jahrhunderts in Afrika durchaus vermeiden lassen können. Aufmerksames Hinhören hätte – einmal mehr – genügt.

Bevor der Sudan in die Unabhängigkeit entlassen wurde, baten die Südsudanesen nämlich inständig darum, dass sie vom Norden unabhängig werden dürften. Sie wollten ihr eigenes Staatsgebiet haben, denn sie sahen den Konflikt ganz klar voraus. Aber unter dem Druck der USA wurde England dazu gezwungen, den Sudan als *ein* Land in die Unabhängigkeit zu entlassen.

Im Weißen Haus glaubte man, dass die Regierung des Sudans wegen dieser Art Grenzziehung den USA größte Freundschaft entgegenbringen würde. Es war womöglich ausgesprochen naiv gewesen, dies zu vermuten, aber sicherlich kann man den Amerikanern nicht unterstellen, dass sie heimlich mit einem Bürgerkrieg rechneten.

Der sudanesische Bürgerkrieg war damit aber trotzdem längst Tatsache, noch ehe er begann: Die Freiheit brachte den Krieg.

Bereits 1955 brach der erste Aufstand aus. Vor allem die drei Südprovinzen beteiligten sich an den Kämpfen um Autonomie und Selbstbestimmung. Ein Jahr später tobte ein blutiger Bürgerkrieg im Sudan, den auch die Militärregierung unter General Abud (im Amt 1958–1964) nicht beenden konnte. Auch die nachfolgenden Regierungen schafften es nicht, die Region zu befrieden. Erst 1972 gewährte General Numeiri den drei Südprovinzen weitgehende innere Autonomie und konnte damit den Bürgerkrieg entschärfen.

Doch der Frieden sollte nicht lange anhalten. Bereits zu Beginn der 80er-Jahre kam es erneut zu Spannungen zwischen dem arabisch-islamischen Norden und dem christlichen bzw. animistischen Süden. Die zunehmende Zwangsislamisierung, die auch vor den Christen im Süden nicht Halt machte, trug nicht gerade zu einer Entspannungspolitik bei. Als 1983 im ganzen Land die Scharia eingeführt wurde, brach der Bürgerkrieg wieder mit voller Wucht aus.

General Numeiri wurde gestürzt, und nach einigen Zwischenspielen kamen General Al-Baschir und sein Ideologe Hassan al-Turabi an die Macht, die einen repressiv pro-islamischen Kurs steuerten. Unter ihrer Regierung wurde wieder eingeführt, was die Briten rund achtzig Jahre vorher abgeschafft hatten: die Sklaverei. Woraufhin arabische Reitermilizen systematisch damit begannen, die Dörfer des Südens auszurotten.

Und den Bürgerkrieg beendete leider auch General Numeiri nicht. Die «Sudanese People's Liberation Movement» (SPLM) forderte nach wie vor eine stärkere politische Mitbestimmung und Autonomie.

1991 wurde dem Süden das Recht zugesprochen, entsprechend der Situation in den Provinzen, sich von dem Rechtssystem der Scharia zu distanzieren und eigene Gesetze zu verfassen. Doch diese Erlaubnis war das Papier nicht wert, auf dem sie geschrieben wurde. Denn das Land versank längst im Chaos. Nur wenig später wurde die Scharia wieder als geltendes Recht für den gesamten Sudan eingeführt.

1992 begann die Regierung unter General Al-Baschir eine militärische Offensive gegen den Süden. Hunderttausende Menschen flohen, die Ernten fielen aus, und ein Volk drohte elendiglich zu verhungern. Doch die Regierung kümmerte das wenig; sie brauchte Geld für ihren Kreuzzug gegen die Schwarzafrikaner und verkaufte für zwanzig Millionen Deutsche Mark Hirse nach Libyen. Damit hatte man gleich zwei Fliegen mit einer Klappe geschlagen: Man hatte Geld bekommen und war «nutzlose Esser» losgeworden.

Nur ein Jahr später waren nach Schätzungen einer US-Studie achtzig Prozent der Südsudanesen vertrieben worden – insgesamt befanden sich zu der Zeit fünf Millionen Menschen im eigenen Land auf der Flucht. Auch die nächsten Jahre gestalteten sich nicht anders. Erneute militärische

Großoffensiven hinterließen ihre tödlichen Spuren. Wer nicht starb, wurde vertrieben oder versklavt.

«Die Not hat ihren Höhepunkt noch nicht erreicht, und eine neue Serie von Überfällen der Sklavenjäger verschärft die Tragödie. In einer Kampagne der verbrannten Erde gegen Teile des Südsudan fangen bewaffnete Männer Hunderte von Menschen und verkaufen sie in die Sklaverei. Diejenigen, die dem Unheil entkommen konnten, sind in die Sümpfe getrieben worden, wo die Malaria wütet und so gut wie keine Nahrung und kein Schutz zu finden sind … In den ‹Todesfeldern›, wo die marodierenden Banden die Häuser ansteckten und die Dorfbewohner vertrieben, picken Aasgeier an den Knochen von Leichen und Viehkadavern. Es ist ein Anblick, der krank macht.»[1]

«Amnesty International» attestierte dem Sudan im Jahr 1995 eine Menschenrechtskatastrophe, doch das änderte leider nur wenig an den Zuständen des Landes. Ein Jahr später verhängten die USA ein totales Embargo gegen den Sudan wegen seiner Verstrickung in den internationalen Terrorismus – sehr zu Recht, wie sich herausstellen sollte, denn zwischen den Jahren 1991 und 1996 fand der Terrorfürst Osama bin Laden eine sichere Zuflucht in dem Land, das für Millionen den Tod bedeutet hatte. Er dürfte sich dort bestimmt wohlgefühlt haben. Nun wurde auch der Sudan von den USA zu einem der so genannten «Schurkenstaaten» erklärt.

Nur ein Jahr später brach im Südsudan eine neue Hungersnot aus, unter der mehr als eine Million Menschen zu leiden hatten. Gleichzeitig gingen die Kämpfe zwischen Norden und Süden weiter.

---

[1] Hall, Tony P.: «Die vergessene Katastrophe», in: www.zeit.de/archiv/1998/Sudan

18. Darfur

Darfur liegt im Westen des Sudans. Aber auch hier töten, brandschatzen und vergewaltigen Milizen im Auftrag der Regierung.

Ein Teil der Bevölkerung flüchtete in den benachbarten Tschad. Der Osten des Tschads – der durch die Flüchtlingsströme überrannt wird – ist staubtrocken und bitterarm. Die Menschen haben selbst nicht genug zu essen, denn der in der Sahelzone liegende Tschad ist eines der ärmsten Länder Afrikas.

Seit Februar 2003 gehen die Regierungsarmee und die mit ihr verbündeten islamischen Milizen brutal gegen aufständische Zivilisten in der Region vor. So berichtet «Human Rights Watch» (HRW) über Dutzende von Angriffen, bei denen Regierungstruppen und arabische Milizen systematisch zusammengearbeitet haben. Wie im Süden vertreibt das Regime von Khartum auch in Darfur die schwarzafrikanische Bevölkerung. Außerdem behindern die sudanesischen Behörden die Auslieferung dringend benötigter Hilfsgüter an die Vertriebenen.

Mit Blick auf den Bürgerkrieg im Südsudan ist man von Khartums Regime ja einiges gewohnt. Dennoch ist die systematische Entvölkerung von Darfur schockierend, denn immerhin handelt es sich um ein Gebiet von der Größe Frankreichs.

Die Weltöffentlichkeit interessierte sich für das Geschehen im größten Land Afrikas erst, als im Frühling 2003 der Horror auch in Darfur Einzug hielt. Sie tat das zwar mit einem Jahr Verzögerung, aber immerhin: Die Welt schaute wenigstens mal hin. Doch damit war die Not natürlich nicht gebannt. Obwohl zahlreiche Hilfsorganisationen ins Land kamen, verschlechterte sich die Lage im Sudan nachhaltig. Nach Berichten der UN vom November 2004 kann den Menschen in Darfur kaum geholfen werden. Es herrscht Anarchie in dem Krisengebiet, so dass es für die Helfer lebensgefährlich ist, Nahrung und Medikamente in die Region zu bringen. Immer wieder werden die Auffanglager, in die sich die Menschen mit letzter Kraft noch retten konnten, von den Milizen aus Khartum überfallen. Es ist offensichtlich, dass die Regierung in der Hauptstadt des Sudans reichlich wenig Interesse daran hat, etwas für die ihr verhasste Bevölkerung zu tun.

Darfur spielte im Sudan schon immer eine Sonderrolle, die es extra zu betrachten gilt: Das bis 1916 selbständige Sultanat Darfur blieb innerhalb des Sudans stets eine Region im politischen Abseits. Seine etwa sieben Millionen Einwohner setzen sich neben den Fur, die der Region ihren Namen gaben, aus einer Fülle anderer Bevölkerungsgruppen wie den Masalit, Zaghawa, Bornu, Tama, Salamat, Meidob oder Birged zusammen.

Geringfügige klimatische Veränderungen führten in den vergangenen Jahrzehnten zu einem dramatischen Vordringen der Wüste. Bei Auseinandersetzungen um überlebensnotwendige Wasserstellen kamen immer wieder Dutzende von Menschen ums Leben. Meist zogen dabei die nichtarabischen Bauern den Kürzeren. Schließlich hatte bereits die demokratisch gewählte Regierung Sadiq al-Mahdis (1986–1989) die arabischen Stämme mit Waffen versorgt, um sich damit in den entlegenen und ökonomisch vernachlässigten Randgebieten regierungstreue Milizen zu sichern, die gegebenenfalls gegen die südsudanesischen Guerillas der «Sudanese People's Liberation Army» (SPLA) einsetzbar wären. Diese Politik wurde nach dem islamistischen Militärputsch vom Juni 1989 verstärkt fortgesetzt.

Das Regime unter Omar Hassan Ahmad al-Baschir verschärfte mit seiner Islamisierungs- und Arabisierungspolitik nicht nur den militärischen Dauerkonflikt im Südsudan, sondern sorgte auch für zunehmenden Unmut an der westlichen, östlichen und nördlichen Peripherie des Landes.

Neben Darfur sind mittlerweile auch im Osten des Landes Guerillas aktiv.

Der begonnene Friedensprozess konzentrierte sich bisher primär auf die Aufteilung von Ressourcen und Einflussgebieten zwischen der Regierung und der Führung der SPLA, also vor allem auf den Süden. Darfur ist davon nicht betroffen. Von einer umfassenden Demokratisierung des Landes, die auch die traditionellen Oppositionsparteien im Kernland des Sudans einbinden müsste, ist wenig zu sehen. Guerilla-Organisationen, die nicht der SPLA angehörten, wurden nie in die Verhandlungen einbezogen.

Das Regime nutzte den Waffenstillstand im Süden vielmehr, um seine geballte Militärmacht in den Westen des Sudans zu verlegen und in Darfur den Krieg zu intensivieren. Dort irren nun seit 2003 unzählige Flüchtlinge Tage, Wochen und Monate in der Savanne umher – ohne Wasser und Lebensmittel, unter sengender Sonne, in einer der vermutlich menschenfeindlichsten Regionen der Welt.

Es passiert immer wieder, dass Antonow-Bomber der sudanesischen Luftwaffe Schrapnelle (Sprenggeschosse mit Kugelfüllung) abwerfen und sogar Menschen unter Beschuss nehmen, die schon auf der Flucht sind.

Die Glücklichen, die es dann in eines der wenigen Flüchtlingslager geschafft haben, werden nicht selten selbst dort noch von den Dschandschawid überfallen, vergewaltigt und umgebracht.

19. Die ethnische Säuberung

Über zwei Millionen Menschenleben hat Khartum seit Beginn der 80er-Jahre auf dem Gewissen. Doch es blieb nicht nur bei Enteignung und Ermordung. Im Sudan ereignen sich Dinge, die man eher ins finsterste Mittelalter oder ins Dritte Reich datieren möchte als ans Ende des 20. Jahrhunderts!

Wen die marodierenden Araber-Milizen nicht ermordet hatten, verschleppten sie in den Norden des Landes, um von der Arbeitskraft der «minderwertigen» Schwarzafrikaner zu profitieren. Vor allem Frauen und Kinder fielen ihren Raubzügen zum Opfer. Vermutet werden noch rund 200 000 versklavte Personen aus dem Süden, nachdem in den letzten Jahren rund 100 000 Menschen freigekommen sind. Zurzeit morden die gleichen Milizen in Darfur und verschleppen dort die Einheimischen in den Norden des Sudans, um sie für 15 Dollar als Sklaven zu verkaufen.

Schwarzafrikaner werden zu Hunderttausenden vertrieben. Das menschenfeindliche Regime in Khartum geht auch jetzt noch – während dieses Buch geschrieben wird – auf seine horriblen ethnischen «Kreuzzüge».

Seit über zwanzig Jahren wird die Sklaverei von der sudanesischen Regierung als Waffe gegen die Christen und die traditionellen Stämme eingesetzt, die gegen die Einführung der islamischen Rechtsprechung, die Scharia, resistent sind. Und nicht nur das: Sogar Muslime werden versklavt – wenn sie schwarz sind. Denn auch sie passen nicht in Al-Baschirs Vorstellungen eines großarabischen Reiches.

Das Ergebnis dieses Schreckensregimes ist aber nicht nur Mord und Sklaverei, sondern auch die Tatsache, dass das Land zu Grunde geht. Schuld sind die arabischen Truppen, die mit ihren Reitern ins Land eindringen. Es sind Milizen, die von der Hauptstadt Khartum ausgerüstet werden. Die Regierung versorgt sie mit Waffen und stellt die Pferde. Die bekannteste dieser Gruppen ist die der «Dschandschawid», der Reitermilizen, die den «größten Erfolg» bei der Ausführung des Genozids zu verbuchen haben.

Aus der Kornkammer des Landes, dem Süden, ist ein Armenhaus geworden. Verursacht haben das seine Feinde: Feinde im eigenen Land; Feinde, die in einer Regierung sitzen, die doch eigentlich für das Wohl des Volkes sorgen müsste. Die Folge: Eine der entsetzlichsten Hungerkatastrophen der Welt wütet in diesem Landstrich.

Und das ist paradox. Denn der Südsudan ist sehr fruchtbar und hat normalerweise die besten Voraussetzungen für gute Ernten: Es gibt genügend Niederschläge in der Regenzeit von Mai bis Dezember, und während dieser Zeit führen die Flüsse sehr viel Wasser.

«Als es keine Kriege gab, waren die Ernten meist gut», erinnert sich Gunnar Wiebalck, Sudan-Kenner und Mitarbeiter von «Christian Solidarity International» (CSI). «Hungersnöte in diesem Gebiet sind eher die Ausnahme gewesen.» Sicher gibt es in manchen Jahren weniger Regenfälle oder in anderen Jahren sogar zu viel, so dass die Flüsse über die Ufer treten, die Samen wegschwemmen und damit die Voraussetzungen für die Ernte zerstören. Das Gebiet ist vom Klima her doch ziemlich extrem.

Aber die derzeitige Hungerkatastrophe, die seit 1998 herrscht, ist besonders dramatisch, nicht nur, weil sie von irgendwelchen feindlichen Menschen verursacht wurde. Nein, sie ist sogar hausgemacht.

Der Fluss «Bahr el-Arab», den die Südsudanesen «Kiir» nennen, bildet die natürliche Grenze zwischen dem Nord- und dem Südsudan. Er wurde viele Male von den Truppen des Nordens überschritten. Dabei haben diese einen breiten Streifen des Landes am südlichen Flussufer vollständig entvölkert. Diese ethnisch gesäuberte Schneise ist zwischen fünfzig und hundert Kilometer breit. So weit stießen die Truppen und Milizen auf ihren Sklavenzügen in den Süden vor. Hinzu kommen weitere geplünderte Landesteile, so dass die «gesäuberte» Gesamtfläche ungefähr der Größe der Schweiz entspricht.

Dabei haben die Reiter nicht nur Sklaven gemacht. Sie haben auch die Ernten geplündert und die Vorräte so weit wie möglich weggeschleppt und Getreidespeicher angezündet. Was sie nicht tragen konnten, haben sie einfach ihren Tieren verfüttert oder vernichtet.

In diesem breiten Streifen findet keinerlei Landwirtschaft mehr statt, keine Hirse und keine anderen Pflanzen werden mehr angebaut. Das Land ist mittlerweile versteppt.

Überall sind Büsche gewuchert. Es gibt auch keine Dörfer mehr, und das auf einer Länge von ungefähr dreihundert Kilometern, immer am Fluss entlang. Dieser zieht sich weit in den Westen des Landes, fast bis in das Gebiet der Nuer. Es ist ein riesiger Landstrich, der im Moment vollkommen brachliegt, der aber Millionen von Menschen ernähren könnte.

Dazu werden jetzt auch die Bewohner der Gebiete vertrieben, die noch weiter südlich gelegen sind. Auch ihre Zahl geht schon in die Hunderttausende. Die Unsicherheit der Leute, auch wegen der Bombardierungen aus der Luft, hat dazu geführt, dass eine normale Ausbringung von Saatgut nicht mehr möglich ist und so auch die Ernten weitgehend ausgefallen sind.

Auch 2005 droht wieder eine Hungerkatastrophe. Zusätzlich zu den bereits existierenden Problemen kommt nun noch eine Dürreperiode hinzu. Es hat viel zu früh aufgehört zu regnen, und das Wenige, das überhaupt angebaut wurde, wird vertrocknen.

20. Vergewaltigung als Waffe

Eine weitere Methode, um die Bevölkerung im Süden und nun auch im Westen des Sudans zu tyrannisieren, ist die systematische Vergewaltigung der Frauen.

«Amnesty International» (AI) belegt Hunderte Fälle von sexueller Gewalt durch die Dschandschawid-Milizen an Mädchen und Frauen in der Region Darfur.

«Die Dschandschawid-Milizen vergewaltigen und missbrauchen Frauen und Mädchen vor den Augen ihrer Familien und der Dorfgemeinschaft. Sie verschleppen ihre Opfer und beuten sie in sexueller Sklaverei aus», sagt Annette Weber, eine Delegierte von «Amnesty International». Im Mai 2004 nahm sie an einer Mission in sudanesischen Flüchtlingslagern im Tschad teil.

«Die Massenvergewaltigungen in Darfur sind Kriegsverbrechen und Verbrechen gegen die Menschlichkeit», so lautet das Statement von AI. Besonders schockierend ist die Tatsache, dass bei fast allen Dschandschawid-Angriffen auf Dörfer, von denen AI Kenntnis hat, Regierungssoldaten entweder selbst beteiligt oder mindestens als Zeugen zugegen gewesen sind.

Genauso wie diese Überfälle auf Dörfer haben auch die Vergewaltigungen System. «Nicht nur die Frauen als Individuen werden dabei gequält und gedemütigt. Im Grunde wird eine ganze Volksgruppe erniedrigt. Das ist das eigentliche Ziel der Dschandschawid», sagt Weber. Die betroffenen Frauen erleiden nicht nur körperliche und seelische Schäden. Vergewaltigungsopfer werden oft von ihren Angehörigen weggewiesen und aus der Dorfgemeinschaft ausgeschlossen.

«Sechs Tage lang, Nacht für Nacht, haben uns fünf bis sechs Männer stundenlang vergewaltigt. Mein Mann konnte mir das nicht verzeihen. Er hat mich verstoßen», erklärte eine junge Frau aus Darfur gegenüber den AI-Delegierten. Aussagen sudanesischer Flüchtlinge zufolge haben Dschandschawid-Milizionäre Frauen und Mädchen die Knochen gebrochen, um ihnen eine Flucht unmöglich zu machen. Hunderte solcher Schicksale hat «Amnesty International» in den Flüchtlingslagern an den Grenzen zum Sudan dokumentiert. Dies deckt sich mit den Tausenden von Schicksalen, die CSI ermittelt hat: Eine von drei Frauen wird bei einem Überfall vergewaltigt.

21. Der Kampf um das Öl

Nicht nur die Religion und die Kultur des Süd- und Westsudans, die den Verantwortlichen im Nordsudan nicht passten, haben zum Völkermord geführt. Auch finanzielle Gesichtspunkte trugen dazu bei, die Menschen dieser Region zu unwillkommenen und wertlosen Störenfrieden zu erklären. Im Sudan hat die Gier nach dem schwarzen Gold Einzug gehalten, und wie an schon vielen anderen Orten vorher hat diese Gier zu Krieg und Vernichtung geführt.

«Die Zivilbevölkerung, die in den Ölfeldern und den angrenzenden Gebieten lebt, war vorsätzlich das Ziel von Menschenrechtsverletzungen: Es gab Zwangsumsiedlungen, Luftangriffe, Dörfer wurden aus tief fliegenden Kampfhubschraubern unter Beschuss genommen, es kam zu Hinrichtungen ohne Prozess, Folterungen, Vergewaltigungen und Entführungen», sagt Maina Kiai, die bei «Amnesty International» für Afrika zuständig ist. Es gebe Berichte über Massenhinrichtungen männlicher Zivilisten und darüber, dass Regierungstruppen Frauen und Kindern die Kehle durchschneiden oder sie mit Eisenstiften an Bäume nageln.

Bei dem Versuch, billig zu Land zu kommen, das Gold wert ist, gehen nicht nur die Sudanesen über Leichen. Im Sudan lässt sich sehr viel Geld verdienen. Sklaverei hin, ethnische Säuberung her: Die Regierungen der Welt kümmern sich wenig um die seit Jahrzehnten andauernden Menschenrechtsverletzungen. Denn die Ölreserven im größten Land Afrikas sind riesig, und die Nachfrage nach fossilen Brennstoffen steigt in den Industrienationen stetig an. Schätzungen zufolge belaufen sich die Reserven auf etwa zwei bis drei Milliarden Barrel, die im Sudan gefördert werden könnten. Siebenhundert Millionen sind bereits nachgewiesen.

Im sudanesischen Ölgeschäft ganz vorne mit dabei gewesen sind bis heute unter anderen die «China National Petroleum Corporation» (CNPC), der malaysische Konzern «Petronas», die kanadische «Talisman Energy Inc.», «Gulf Petroleum Corporation» aus Katar, «Lundin Oil AB» aus Schweden und die Franzosen von «Total-Fina-Elf».

Da die USA ihre Sanktionen – im Gegensatz zu den Vereinten Nationen – aufrechterhalten haben, schien «Uncle Sam» vordergründig nicht am schwarzen Gold interessiert zu sein. Doch die US-Amerikaner hatten ein «ölpipelinegroßes» Schlupfloch entdeckt. Ursprünglich hatten sie im Wettstreit um den Bodenschatz dank «Chevron» die Nase vorn. Im Kampf gegen die Machenschaften der sudanesischen Regierung fielen die Amerikaner allerdings zurück. Aber auch das «Land der unbegrenzten Möglichkeiten» saß in puncto sudanesisches Öl bald schon nicht mehr auf dem Trockenen: Durch die kanadische Firma «Talisman» hatten auch die Staaten noch eine Weile Anteil an dem begehrten Rohstoff. Damit trugen auch die USA dazu bei, dass die Unterdrückung im Land weiterhin finanziert werden konnte. Seit der Eröffnung der Ölpipeline im August 1999 bemühten sich die Amerikaner um ein besseres Verhältnis zu Khartum. Sogar einige Angehörige der Clinton-Regierung waren von den SPLA-Rebellen des Südens abgerückt, da sie den Machthabern des Sudans eher zutrauten, die US-amerikanischen Interessen in der Region zu wahren.

Der kanadische Ölkonzern «Talisman», der wegen seiner Unternehmungen im Südsudan heftig kritisiert worden war, lagerte seine Sudan-Aktivitäten später nach Schweden aus. Mit der befreundeten schwedisch-schweizerischen Ölfirma «Lundin Oil» wurde in Schweden eine neue Gesellschaft gegründet, die unter dem Namen «Lundin Petroleum» die «Talisman»-Geschäfte im Sudan weiterhin betreiben konnte.

Doch mittlerweile haben auch diese beiden Gesellschaften – Talisman aus Kanada und Lundin aus Schweden – ihre sudanesischen Konzessionsanteile an asiatische Unternehmen verkauft, ebenso wie die OMV aus Österreich. Für China, Indien und Malaysia, die alle im Sudan mit Großinvestitionen vertreten sind, stellt dieses Land eine Alternative zu den Erdölproduzenten auf der Arabischen Halbinsel dar. Anders als westliche Unternehmen sind asiatische Firmen weniger Vorwürfen ausgesetzt, sie würden mit ihren Investitionen den Kriegsverbrechen der sudanesischen Regierung Vorschub leisten.

Künftig sollen 450 000 bis 500 000 Barrel pro Tag gefördert werden – dank der Ölfelder in Mellut, die am westlichen oberen Nil und bei Ost-Kordofan gelegen sind. Die großen Felder im Süden liegen noch brach. Unter anderem auch der so genannte «Block 5», für den «Total» die Konzession hält.

Nicht nur die ausländischen Ölfirmen haben viel Geld zu verdienen. Auch der Sudan selbst, explizit dessen Regierung, ist gut im Geschäft. Das radikal-islamische Regime investiert die frisch verdienten Dollar in Waffengeschäfte und Kriegsanstrengungen. Um weniger von Waffen- und Munitionsimporten abhängig zu sein, treibt Khartum den Aufbau einer leistungsfähigen Rüstungsindustrie voran. Es sollen Granaten, Panzer und später Jagdflugzeuge hergestellt werden. Dies verkündete Al-Baschir bereits zu Beginn des Jahrtausends. Eventuelle Sanktionen, ob seitens der UNO oder der USA, sollen dann die militärischen Möglichkeiten weniger hart einschränken können. Das Schreckliche an diesem Deal ist die Tatsache, dass die Einnahmen des Sudans gegen die eigene Bevölkerung eingesetzt werden. Die Ressourcen, mit denen die Regierung ihrer Bevölkerung eigentlich einen guten und kultivierten Lebensstil sichern könnte, werden benutzt, um Teilen ebendieser Bevölkerung das Leben zur Hölle zu machen.

Über eine Million der schwarzafrikanischen Bevölkerungsgruppe wurde allein in den letzten zwei Jahren aus Darfur vertrieben, Zehntausende kamen ums Leben. Damit sie keine Forderungen nach Teilhabe an den Ölfeldern stellen kann, wird die einheimische schwarzafrikanische Bevölkerung systematisch vertrieben. Während die Ölgesellschaften uneingeschränkten und freien Zugang zum Land haben, werden Flüge mit Hilfsgütern zeitweilig verboten.

22. Die verschiedenen «Blöcke»

Wer im Sudan nach Öl bohrt:

Block C
In Süddarfur hat Khartum eine weitere Konzession für den so genannten Block C an ein Konsortium vergeben, in dem auch eine schweizerische Firma vertreten sein soll. Dies erklärte der sudanesische Erdölminister Awad Ahmad al-Jaz in einem Interview mit der in London erscheinenden arabischen Zeitung «Al-Hayat».

Block 1
Unity; südlich der Nuba-Berge:
«Greater Nile Petroleum Operating Company» (Konsortium). Früher: «Chevron» (USA) und «Talisman» (Kanada).

Block 2
Heglig; westlich der Nuba-Berge:
«Talisman Energy Inc.» (Kanada). Früher: «Chevron» (USA) und «Talisman» (Kanada).

Block 3
Adar; Oberer Nil:
«Gulf Petroleum Corporation» (Katar).

Block 4
Kailkang; West Kordofan und angrenzende Provinzen:
«Petronas Carigali» (Malaysia); «Sudapet» (Sudan) und «China National Petroleum Corporation» (CNPC; China). Früher: «Talisman» (Kanada).

Block 5
Central; Südsudan:
«Total» (Frankreich).

Block 5a
Südsudan:
«Lundin Oil AB International Petroleum Corporation» (Schweden); «Petronas Carigali» (Malaysia); «OMV Sudan Exploration GmbH» (Österreich) und «Sudapet» (Sudan). Früher: Chevron (USA).

Block 5b
Jonglei, Südsudan:
Früher (bis 2003): «Lundin» (Schweden) und «OMV» (Österreich).

Block 6
West-Kordofan bis Süddarfur:
«China National Petroleum Corporation» (China).

Besonderes: Zwei Ingenieure der CNPC waren von den Dschandschawid entführt worden. Nach Khartums Intervention kamen die beiden nach wenigen Tagen schadlos wieder frei. Die staatliche «China National Petroleum Corporation» (CNPC) ist der größte ausländische Investor in der sudanesischen Erdölbranche. Alleine die Reserven in Block 6 sollen etwa 900 Millionen Barrel betragen. Das ist ein Marktwert von über dreißig Milliarden Dollar. Zum Vergleich: 2004 exportierte der Sudan insgesamt Erdöl für «nur» zwei Milliarden Dollar.

Block 7
Mellut, Oberer und Weißer Nil sowie andere Provinzen: «Sudapet» (Sudan) und «China National Petroleum Corporation» (China).

Block 12
Gemäß der Publikation «Africa Energy Intelligence» hat im riesigen Block 12, der ganz Norddarfur und Teile von West- und Süddarfur abdeckt, die Suche nach Erdöl noch gar nicht begonnen. An der Konzession haben aber auslän-

dische Firmen bereits jetzt schon enormes Interesse. Mögliche Unternehmen stammen aus Russland, Japan, Irland, Bulgarien und Rumänien.

Verkaufte Konzessionen

2002 verkauft «Talisman» seine Rechte an die indische Firma «Videsh».

2003 verkaufen «Lundin» und «OMV» ihre Rechte an die malaysische «Petronas» und die indische «Videsh».

«Human Rights Watch» vertritt die Meinung, dass «Talisman» (Kanada), «Lundin» (Schweden), «CNPC» (China), «Petronas» (Malaysia) und «OMV» (Österreich) von den andauernden Menschenrechtsverletzungen der sudanesischen Regierung profitiert haben. Vier Jahre lang, vom Geschäftseinstieg 1998 bis zum Ausstieg 2002, habe «Talisman» die Menschenrechtsverletzungen geleugnet, Journalisten in die Irre geführt, von kanadischen Nichtregierungsorganisationen (NGO) vorgelegte Beweise ignoriert, «Stammesfehden» vorgeschoben und Berichte des damaligen UN-Sonderberichterstatters Dr. Leonardo Franco als «Hörensagen» abgetan.

Gerade im Konflikt in dem westsudanesischen Darfur stehen vor allem Erdöl-Interessen auf dem Spiel. Zwei Konzessionen hat die sudanesische Regierung in Darfur vergeben, und für eine dritte werden ausländische Angebote eingeholt.

Mit der Politik der verbrannten Erde vertrieben sudanesische Soldaten und verbündete Milizen seit 1999 Zehntausende südsudanesische Nuer und Dinka aus dem Ölfördergebiet des oberen westlichen Nils. Also in Block 3 und 7, wo China, Katar und der Sudan Öl fördern. Ein «Human Rights Watch»-Bericht weist auf weitere Enteignungen hin:

«Um die Ölproduktion zu steuern, begann der Diktator Numeiri eine zweigleisige Strategie umzusetzen, mit der die Bevölkerung im Süden gespalten und vertrieben werden sollte. Es dauerte fast zwei Jahrzehnte, und es brauchte mehrere Regierungen, um diese Strategie zu entwickeln und zu verfeinern ... doch wurde damit am Schluss erreicht, wozu direkte Militäraktionen nie in der Lage gewesen wären: die Kontrolle über gewisse Ölfelder im Südsudan zu erringen. Die politische Taktik war es, die lenkende Hand der Regierung zu verschleiern, indem landhungrige Stellvertreter dazu angehalten wurden, die sesshafte Bauernbevölkerung der Ölfelder anzugreifen. Nachdem die Bevölkerung auf diese Weise ausgedünnt worden war, konnte die Regierung eine Sicherheitszone um die Erdölfelder in den Blöcken 1, 2, 4 und 5a errichten, damit ausländische Firmen in Ruhe mit der Förderung beginnen konnten. Jene Menschen, die schon seit Generationen auf diesem Land gelebt hatten, verloren dagegen den Frieden, die Sicherheit sowie ihre Häuser, Tiere, Ernten, Familien und oft auch ihr Leben» (siehe «Neue Zürcher Zeitung» online; www.nzz.ch).

Gezielt wurde das Weideland der traditionellen Viehzüchter niedergebrannt. Verbunden mit dem gesamten sattsam bekannten Bild: geplünderte Dörfer, Bombardements aus der Luft und willkürliche Misshandlung und Ermordung von Zivilisten. Systematisch behindert die sudanesische Regierung Hilfslieferungen für die Not leidende Zivilbevölkerung in der Ölregion.

In einem UNO-Bericht heißt es: Schwarzafrikaner werden vertrieben, während verschiedene arabische Siedlungen dazwischen auf wundersame Weise verschont geblieben sind. Auch von systematischem Aushungern ist die Rede. Und nicht nur das. Die Dschandschawid hätten im März 2004 eine Hilfslieferung von Nahrungsmitteln beschlagnahmt und dann entweder selbst aufgebraucht oder an ihre Kamele verfüttert. Die UNO-Mitarbeiter seien über die Ernährungssituation und die hygienischen Bedingungen, unter denen die Gefangenen von Kailek zu leiden hätten, sichtlich erschüttert gewesen. Kailek sei nur eine von mehreren Ortschaften, in denen Zivilisten unter ähnlichen Bedingungen zu leben hätten, schließt der UNO-Bericht.

Über 100 000 Menschen flüchteten im Zuge dieser Enteignungen in den Tschad. Im Grenzgebiet wuchsen die Spannungen zwischen Flüchtlingen und Einwohnern. In den übervölkerten Dörfern fehlte es an Nahrung, Wasser, Zelten, Decken und Medikamenten.

Seit Beginn der Ölförderung sind die Kämpfe eskaliert. Neben dem Öl fließt auch viel Blut.

Bei Friedensverhandlungen vereinbarten die islamische Regierung in Khartum und die Rebellen der Sudanesischen Volksbefreiungsarmee (SPLA) die Verteilung der Einnahmen aus der Förderung von Rohstoffen sowie die Einführung einer neuen Währung.

Der größte Teil der Erdölvorkommen des Sudans liegt im Süden, den die SPLA zum Teil kontrolliert. Nach Beginn der Ölförderung im Jahr 1999 haben Rebellen und internationale Menschenrechtsorganisationen der Regierung vorgeworfen, Zehntausende Dorfbewohner aus der Förderregion zu vertreiben.

Jetzt vereinbarten beide Seiten, während einer Übergangszeit von sechs Jahren die Öl-Einnahmen im Verhältnis fünfzig zu fünfzig zwischen beiden Seiten aufzuteilen. Nach dieser Zeit soll die Bevölkerung im Süden die Gelegenheit haben, in einem Referendum über die weitere Zugehörigkeit zum Sudan oder über die Bildung eines eigenen Staates zu entscheiden.

Neben der Einführung der neuen Währung wurden außerdem Neuerungen im Bankensystem vereinbart. Im Norden soll weiterhin ein System nach islamischen Grundsätzen bestehen bleiben, im Süden werden Geldinstitute zugelassen, die nach marktwirtschaftlichen Kriterien tätig sind.

Was diese Verhandlungen im Endeffekt wert sind? In der gleichen Zeit wurden und werden immer noch Schwarzafrikaner aus Darfur vertrieben …

23. Darum hört man nichts davon

Die große Frage lautet: Wie kann es im 20. und 21. Jahrhundert solche Verbrechen gegen die Menschlichkeit geben? Und warum hört man davon so wenig?

Gunnar Wiebalck, Mitarbeiter der Menschenrechtsbewegung CSI, versucht zu erklären: «Das kommt daher, dass das Gebiet schwer zugänglich ist. Es liegt etwa 1500 Kilometer nördlich von Nairobi, der Hauptstadt Kenias. Wenn man dorthin will, dann geht das eigentlich nur mit dem Flugzeug.» Sonst seien die Entfernungen ganz einfach zu groß.

«Aber so eine Reise mit dem Flugzeug verläuft ganz anders, als man dies in Europa kennt. Tickets, um in diese Gegend zu gelangen, kann man nicht kaufen. Man chartert vielmehr gleich das ganze Flugzeug. Und der Pilot sucht sich dann irgendwo einen geeigneten Landeplatz.» Richtige Flughäfen gibt es nicht, sondern lediglich baumfreie Sandstreifen. Das macht das Reisen zum einen sehr teuer, zum andern aber auch gefährlich.

«Die Regierung des Sudans hat außerdem ausdrücklich alle Flüge untersagt, die nicht die Zustimmung der Vereinten Nationen haben. Und dann gibt es noch Sperrzonen mit regelrechten Flugverboten. Dazu gehört auch das Gebiet, in das wir immer wieder reisen. Zu den allgemeinen Kosten muss man also auch noch Piloten finden, die sich trauen, überhaupt in diese entlegenen Regionen zu fliegen und dort zu landen.»

Darum gelang es der sudanesischen Regierung lange, diese grauenhaften Zustände zu vertuschen. So wurde verhindert, dass ausführlich darüber berichtet wurde.

Dass es im Sudan Sklaverei gibt, war schon vor dem Einsatz von CSI bekannt. Aber es wurde nicht international diskutiert. Wer Beweise dafür hatte, wurde in der Regel – wenn er Sudanese war – verhaftet, wie zum Beispiel der Herausgeber der «Sudan Times» in Khartum, Bona Malwal.

Nach seinem ersten Bericht über Sklaverei verbrachte er einige Zeit im Gefängnis.

Wiebalck: «Es ist natürlich auch so, dass in diesem Gebiet viele Hilfswerke waren, denen es nicht in erster Linie um die Verletzungen der Menschenrechte ging, sondern die einfach allgemeine Hilfe leisten wollten. Diese Leute haben sich nie nach den Hintergründen und nach Sklaverei erkundigt. Sie wollten einfach den Menschen beistehen, die um ihr Überleben kämpften.»

CSI dagegen hat etwas tiefer gegraben und hat die Leute gefragt: «Hat euch der Krieg noch weitere Nachteile gebracht? Habt ihr mehr als eure Ernten und euer Vieh verloren?»

Gunnar Wiebalck erinnert sich mit Entsetzen: «Wir fanden dann das Hauptproblem dieser Leute heraus. Das war gar nicht der Verlust ihrer Ernten. Sondern ihre größte und bitterste Kriegserfahrung war, dass ihre Angehörigen verschleppt und in die Sklaverei verkauft worden sind. Frauen wurden mitsamt ihren Kindern entführt, und viele Männer wurden von den Sklavenjägern ermordet. Also eine Tragödie von einem Ausmaß, das sich niemand hätte vorstellen können.» Bei den Überfällen werden die Männer meist umgebracht. Denn als Sklaven sind sie ungeeignet. Sie könnten für ihre Besitzer zu widerspenstig werden.

Bei der Sklaverei geht es nicht um einzelne Fälle, sondern um eine systematische Verschleppung und Vertreibung. Es geht um eine gut geplante Versklavung von ganzen Ortschaften. «Das haben wir im Jahr 1995 zum ersten Mal erfahren, und zwar in dem Dorf Nyamlel in der Region Aweil West, das kurz zuvor überfallen worden war. Wir kamen dorthin, als die Wunden dieses Überfalls noch offen lagen. Die Überlebenden sind durch die Trümmer geirrt, und wir haben sie gefragt, was hier eigentlich passiert sei. Wir haben dann erfahren, dass über zweihundert Leute in die Sklaverei abgeführt worden sind. In einem langen Zug wurden sie in den Norden getrieben. Kleine Kinder wurden auf Pferde gebunden, Leute, die nicht mehr weiterkonnten, wurden niedergeschlagen und getötet. Die meisten dieser Verschleppten waren Frauen und Kinder», erinnert sich der Leiter von CSI.

24. So wurde die UNO zum Regime-Komplizen

Der Sudan ist ein kritischer Test für die UNO-Menschenrechtskommission. In den letzten zwanzig Jahren hat sie alles dafür getan, bei diesem Test möglichst durchzufallen und das negative Ergebnis zu unterschlagen. Einen Völkermord und ethnische Säuberung dürfe es nie mehr geben, sagte UNO-Generalsekretär Kofi Annan. Es dürfe keinen «Fall Ruanda» mehr geben. Während er diese Worte sagte, lief im Sudan eine ethnische Säuberung und ein Völkermord ab, der die Dimensionen von Ruanda längst überschritten hatte.

Vermutlich trifft der beunruhigende Verdacht von Linda Melvern zu. Die britische Genozid-Forscherin erinnerte anlässlich des Gedenkens in Ruanda an die Völkermord-Konvention von 1948 und an das weltweite Gelöbnis, dass sich Auschwitz niemals wiederholen dürfe: «Nie wieder! Oder war nur gemeint: Nie wieder in Europa?»

Es ist absurd: Soeben hat die globale Familie noch an den Massengräbern von Ruanda getrauert und zum Gedenken an den Völkermord vor zehn Jahren ihr obligatorisches «Nie wieder!» heruntergebetet – und schon schaut sie wieder weg.

Ein Journalist formulierte die Lage sehr treffend: «Ethnische Säuberungen? In Darfur? Wo liegt das überhaupt? Im Sudan. Ach so. Ist dort nicht schon seit einer halben Ewigkeit Krieg? Wen würde da ein neuer Brandherd im

Westen des Landes beunruhigen?» (Siehe «Die Zeit» online; www.zeit.de.)

Dass die UNO einen gewaltigen Schubs braucht, offenbart ein Zitat von UN-Flüchtlingskommissar Ruud Lubbers. Er hoffte nämlich, dass sich der Konflikt in Friedensverhandlungen auf regionaler Ebene lösen lasse, und wandte sich gegen den Einsatz von NATO-Truppen. Dabei tobt der Vernichtungskrieg des Regimes seit 1983, und über zwei Millionen durch das Regime getötete Menschen und sechs Millionen Vertriebene sind offenbar noch immer nicht genug.

Inhaltlich ja eigentlich richtig, doch beim Betrachten der Fakten eben doch an Lächerlichkeit grenzend, so präsentiert sich die Aufforderung der EU. Sie rief die Konfliktparteien in Darfur zur Achtung humanitärer Grundsätze auf. Immerhin bemerkte auch Europa, dass sich im Sudan mehr als nur ein kleiner Interessenskonflikt unterschiedlich denkender Menschen abspielt.

Die Bevölkerung brauche Zugang zu Hilfslieferungen, sagte EU-Entwicklungskommissar Poul Nielson in Brüssel. Dass aber die Regierung Khartums in vielen Fällen genau dies verhinderte – und zwar äußerst erfolgreich –, stand auf einem anderen Blatt.

Die EU kündigte zehn Millionen Euro zusätzliche Hilfe für den Sudan und den Tschad an. Zehntausende Kinder und Erwachsene seien schließlich unterernährt und Tausende litten an Mangelerscheinungen. Dass sie aber aus Gebieten kommen, die sich ohne weiteres selbst versorgen könnten, gäbe es denn die Zerstörungswut der Regierung in Khartum nicht, bedenkt dabei keiner. Die Welt füttert die Vertriebenen lieber durch, statt an die Wurzel des Übels zu gehen. Mehr Einmischung in das Drama, als die Konfliktparteien zu ermahnen, doch bitteschön die humanitären Grundregeln zu beachten, ist in den 80er- und 90er-Jahren nicht geschehen.

Rund ein Fünftel der Bevölkerung in der westsudanesischen Provinz lebte im Jahr 2004 in Lagern, in denen nach

Angaben der Menschenrechtsorganisation «Human Rights Watch» arabische Dschandschawid-Milizen plündern, vergewaltigen und töten. HRW wirft der sudanesischen Regierung «ethnische Säuberung» und «Verbrechen gegen die Menschlichkeit» vor. In einem 77 Seiten umfassenden Dossier berichtet die Menschenrechtsorganisation, sudanesische Regierungstruppen hätten «Massaker, willkürliche Hinrichtungen, das Niederbrennen von Dörfern und Städten» überwacht und hätten sich aktiv daran beteiligt.

Der Koordinator der «Ärzte ohne Grenzen», Stefan Pleger, sagte im vergangenen Jahr: «Die Nahrungsmittellage ist so schlecht, dass wir eine Hungersnot fürchten. Sollte keine breit angelegte internationale Hilfsaktion gelingen, wird es zu dieser Hungersnot kommen.»

HRW forderte den Weltsicherheitsrat auf, das Verhalten der Regierung von Präsident Al-Baschir aufs Schärfste zu verurteilen. Diese müsse die arabischen Milizen entwaffnen und deren Rückzug anordnen. Stattdessen stellt ihnen die Regierung Pferde und Waffen zur Verfügung – übrigens auch aus der neutralen Schweiz. Khartum will islamische Tatsachen schaffen, wie sie im Libanon, in Ägypten, in Nigeria, im Tschad und in vielen anderen Ländern bereits bestehen.

Menschenleere, niedergebrannte Dörfer, dem Erdboden gleichgemachte Krankenhäuser, zerstörte Infrastrukturen: Clemens von Heimendahl, Delegationsleiter des Deutschen Roten Kreuzes, fand bei seinem Besuch in der westsudanesischen Provinz Darfur eine «völlig traumatisierte» Bevölkerung vor. Menschen seien «regelrecht abgeschlachtet» worden.

Verstreut über ein Gebiet, das anderthalb Mal so groß ist wie Deutschland, irren eine Million Flüchtlinge umher. Hunderttausende – vor allem Frauen – haben auf der anderen Seite der Grenze, im Tschad, eine unsichere Zuflucht gefunden vor Bombardierungen, Verschleppungen und Massenvergewaltigungen.

Inzwischen haben sich auch die Vereinten Nationen zur Strategie der Öffentlichmachung durchgerungen. Ihre bisherigen Erkenntnisse über die Lage im Krisengebiet und in den Flüchtlingszentren im Tschad hatte die UNO zunächst unter Verschluss gehalten, nicht zuletzt auf Drängen der Regierung im Sudan, die dafür mehr Kooperation in Aussicht gestellt hatte. Ende April 2004 aber gelangten die ersten Berichte über die grauenhaften Zustände, vor allem in Darfur, an die Öffentlichkeit. Hier spricht die UNO, wenn auch zögerlich, zum ersten Mal von ethnischer Säuberung. Und das nach zwanzigjährigem Schweigen.

Inzwischen hat die Staatengemeinschaft die Luftbrücke «Operation Lifeline Sudan» eingerichtet und fliegt jeden Tag Hunderte von Tonnen Hilfsgüter, meistens Hirsemehl (so genanntes Sorgum), in den Süden des Landes.

Den Menschen in Darfur wird aber nur richtig geholfen werden, wenn die UNO aus den alarmierenden Berichten über die von der Regierung gedeckten und geförderten «ethnischen Säuberungen» im Westsudan umgehend die nötigen Konsequenzen zieht und in das Geschehen eingreift.

25. CSI – oder der lange Weg zur Öffentlichkeit

Dass die UNO heute von «ethnischer Säuberung» spricht und die Geschehnisse im westsudanesischen Darfur in den Brennpunkt der internationalen Berichterstattung gerückt sind, ist mit ein Verdienst des Schweizer Hilfswerks «Christian Solidarity International», kurz CSI.

Doch dieser Weg führte das eidgenössische Werk durch eine lange Durststrecke. Und diese ist auch noch längst nicht beendet. Denn obwohl die UNO mittlerweile von «ethnischer Säuberung» spricht, erwähnt sie das Thema Sklaverei noch immer mit keinem Wort. Damit machen sich die Vereinten Nationen gewissermaßen zum Komplizen des ebenso größenwahnsinnigen wie hinterhältigen Regimes in Khartum.

Aber beginnen wir von vorne: «Unser Werk hat bestimmt einen sehr großen Anteil daran, dass die Sklaverei in diesem Land aufgedeckt wurde», davon ist CSI-Mitarbeiter Gunnar Wiebalck überzeugt.

«Christian Solidarity International hatte ursprünglich seit 1991 den Status eines Mitglieds bei der Menschenrechtskommission der UNO in Genf gehabt», fährt er fort, und das Wort «gehabt» lässt erste Gewitterwolken erahnen.

«Diesen Status haben wir benutzt, um beim Menschenrechtsforum auf die fortgesetzte Sklaverei, die im Sudan stattfindet, hinzuweisen. Wir waren wiederholt in Genf, haben ausführliche Dokumente und Beweise vorgelegt, haben die internationale Presse in Genf informiert und haben uns auch direkt den Fragen der sudanesischen Vertreter in der Menschenrechtskommission gestellt. Auf alle möglichen Arten haben wir das Forum genutzt, um den Skandal bekannt zu machen», schildert der gebürtige Deutsche weiter.

Nun sollte man erwarten, dass die Vereinten Nationen diese Hinweise mit einer überdimensionalen Lupe und einem äußerst wattstarken Scheinwerfer sehr genau überprüft hätten.

Unglaublicherweise war genau das Gegenteil der Fall.

«Das Ergebnis war ein Antrag der sudanesischen Regierung, dass CSI aus der Menschenrechtskommission ausgeschlossen werden soll.»

Nicht, dass die UNO nun etwa gewillt gewesen wäre, sich jetzt erst recht auf die Menschenrechtsfrage im Sudan zu konzentrieren. Im Gegenteil: Es kam zu einer Abstimmung über den Ausschluss der CSI aus der Menschenrechtskommission.

«Die Vertreter Khartums wurden dabei von fast allen arabischen Staaten unterstützt, ebenso von anderen islamischen Ländern und von Diktaturen wie Kuba, dem Jemen oder Vietnam. Sie alle haben sich dafür ausgesprochen, dass die Stimme von CSI in der Menschenrechtskommission zum Schweigen gebracht werden soll. Die europäischen Länder haben sich in der entscheidenden Abstimmung zum Teil der Stimme enthalten; Frankreich und Deutschland wollten keine Partei für CSI ergreifen, wollten sich aber auch nicht gegen uns aussprechen.»

Das war im Jahr 1999: Die Schweiz war damals noch nicht UNO-Mitglied und damit auch nicht Teil dieser Menschenrechtskommission.

Als die Fakten also endgültig auf dem Tisch lagen, verhinderte die UNO die Sklaverei nicht. Im Gegenteil: Sie versuchte zu verhindern, dass die Sklaverei verurteilt wurde!

Wiebalck war entsetzt über das Resultat dieser unglaublichen Abstimmung: «Das Endergebnis war eine Stimmenmehrheit für unseren Ausschluss. CSI hatte damit seine Stimme in dieser Kommission verloren. Das hat uns aber nicht daran gehindert, weiterhin die Sklaverei im Sudan anzuprangern. Wir änderten bloß unsere Strategie: Wir sind vermehrt in den USA an die Öffentlichkeit getreten. Die Menschen dort sind für dieses Thema sensibler. Wir haben verschiedene prominente Afro-Amerikaner eingeladen, uns in den Sudan zu begleiten. Darunter war auch einer der demokratischen Präsidentschaftskandidaten für die Wahl 2000, der schwarze Pfarrer Al Sharpton. Im weiteren Wahlverfahren war er gegen Al Gore unterlegen und ist ausgeschieden. Auch viele andere prominente schwarze Amerikaner kamen mit CSI in den Sudan, um sich aus erster Hand über diesen Skandal zu informieren.»

26. Gewinnt der Frieden trotz allem?

Als die Afro-Amerikaner nach ihren Besuchen im Sudan in die Vereinigten Staaten zurückkehrten, haben sie dort mit ihren Berichten und Fotos sehr große Bekanntheit erreicht. Am Ende kam die Regierung von Präsident George W. Bush nicht umhin, zu diesem Konflikt auch eine offizielle Stellungnahme abzugeben.

«Bush richtete eine Untersuchungskommission ein, die sich im Sudan über die Hintergründe des Geschehens informieren ließ», erklärt Wiebalck. Diese Kommission bestätigte schließlich die Existenz der Sklaverei, woraufhin die Regierung von George W. Bush einen Schritt weiter gegangen ist: Wie man sieht, versucht sie jetzt, die Hauptkontrahenten des Konflikts an einen Tisch zu bringen, nämlich die südsudanesische Volksbefreiungsbewegung SPLA (Sudanese People's Liberation Army) und die sudanesische Regierung. Seit zwei Jahren gibt es im Südsudan fast keine Sklavenjagden mehr. Eitel Sonnenschein herrscht deswegen aber noch lange nicht: Bombardiert wurde das Gebiet trotzdem mit Antonow-Bombern, und die Papiere, die mit «Friedensvertrag» überschrieben waren, erwiesen sich bisher meist als wertlos.

Mittlerweile werden zumindest die brutalen Feldzüge auch von der UNO angeprangert. Aber gerne tut sie dies offensichtlich nicht. Alles wirkt ziemlich halbherzig.

«Die UNO ist keine Menschenrechtsorganisation. Sondern sie ist eine Vertretung von Regierungen. Viele Regierungen auf dieser Welt sind nun aber islamistische oder totalitäre Regime. Die meisten Mitglieder dieses Klubs haben die Tendenz, dass sie die Menschenrechte verletzen. Darum muss man sich nicht wundern, wenn die UNO als Ganzes solche extremen Menschenrechtsverletzungen eben nicht anprangert.» Das ist für Gunnar Wiebalck eine ganz logische Folge.

Lange Zeit wurde die Arbeit von «Christian Solidarity International» von den Vereinten Nationen sogar behindert. UNICEF, das Kinderhilfswerk der Vereinten Nationen, bezeichnete früher die CSI-Arbeit sogar als «absolut intolerabel».

Seit die USA nun aber auf eine friedliche Lösung des über zwanzig Jahre dauernden Bürgerkriegs im Sudan drängen, will die Regierung in Khartum ihr Image als «Sklavenstaat» loswerden. Man will sich aus dem Schussfeld der Menschenrechtler begeben. Dazu geht das Regime auch Kompromisse ein. UNICEF, als offizieller Partner der sudanesischen Regierung, hat nun die Möglichkeit, mit CSI an einem Tisch zu sitzen.

Das Problem hierbei ist, dass UNICEF eine Regierungsagentur ist. Sie ist abhängig von den offiziellen Regierungen, aber nicht von der zivilen Gesellschaft. Dr. John Eibner, Leiter der CSI-Menschenrechtsabteilung und promovierter Historiker, weist auf das damit verbundene Problem hin:

«Im Sudan steht UNICEF vorwiegend mit der sudanesischen Regierung in Verbindung – in diesem Fall also mit der Institution, die verantwortlich ist für die Sklaverei.»

1999 gestand UNICEF-Exekutivdirektorin Carol Bellamy ein, dass Frauen und Kinder im Sudan versklavt werden. Darauf drohte die Regierung, UNICEF aus dem Land zu weisen. Als Resultat milderte die UN-Organisation ihre Wortwahl und verzichtete darauf, «Sklave» und «Sklaverei» im Zusammenhang mit dem Sudan zu verwenden. Zudem diskreditierte sie die Bemühungen von Nichtregierungsorganisationen, die sich um Sklavenbefreiungen bemühten.

Auch das Schweizer Hilfswerk CSI geriet ins Kreuzfeuer dieser UN-Organisation: «Carol Bellamy beschuldigte uns, die CSI partizipiere am Sklavenhandel, ja, wir hielten diesen sogar in Schwung, weil wir begonnen hatten, die Sklaven zurück in die Freiheit zu kaufen.»

Dass aber auch UNICEF für die Freiheit von versklavten Kindern, beispielsweise in Indien, schon wiederholt Geld bezahlte, wurde natürlich nicht erwähnt.

Die UNICEF konnte sich in all den Jahren nicht dazu durchringen, dieses Verbrechen gegen die Menschlichkeit, insbesondere gegen die Kinder, tatsächlich als solches anzuerkennen und beim Namen zu nennen. Wollte das Hilfswerk der Vereinten Nationen im Sudan arbeiten, musste es als Teil der UN dort sein. Und das in Übereinstimmung mit den Wünschen des sudanesischen Staats, der ja UN-Mitglied ist. Die arabisch-muslimisch dominierte Regierung des Sudans wollte die Sklaverei keinesfalls zugeben, genauso wie es die Arabische Liga sowie die Organisation der Islamischen Konferenz nicht taten.

Der Beamtenapparat der UNICEF duckte sich vor dem menschenverachtenden sudanesischen Regime. Die Vereinten Nationen verbogen die Achtung des internationalen Rechts, indem sie die Sklaven lediglich als «Entführte» bezeichneten. Al-Baschir tanzte den naiven Kommissaren weiterhin auf der Nase herum. Die sudanesische Regierung versuchte, vom Begriff «Sklaverei» abzulenken, gründete aber dann immerhin vor einigen Jahren ein Komitee, das die Entführung von Frauen und Kindern beenden sollte – das Komitee zur «Ausrottung der Entführung von Frauen und Kindern» (CEAWC).

«Dieses Komitee wurde daraufhin von UNICEF und der Europäischen Union mit Millionenbeträgen unterstützt. Es beschäftigt Dutzende von Mitarbeitern und ist zu einer eigenständigen Abteilung der sudanesischen Regierung angewachsen», sagt Gunnar Wiebalck. Millionen von Spenden-Dollars der UNICEF, der EU und verschiedener anderer Nationen versickern hier.

Die Vereinten Nationen waren somit aktiv an der Vertuschung des Sklaverei-Skandals beteiligt. Und das in den Jahren, in denen Helena und rund 300 000 weitere Menschen versklavt waren. Es waren die Jahre, in denen die Dschandschawid-Milizen die Dörfer im Akkord überfielen. Im Akkord vergewaltigten. Im Akkord mordeten. Im Akkord Kinder als Sklaven verkauften.

Inzwischen spricht die UNO – oder zumindest ein Teil von ihr – deutliche Worte. Mukesh Kapila (UNO-Koordinator für den Sudan) äußerte sich dahingehend, dass das, was sich jetzt abspiele, mit dem Völkermord 1994 in Ruanda zu vergleichen sei. Es sei die momentan größte Krise der

Welt, und er verstehe nicht, dass diese Welt nichts dagegen unternehme.

Freilich blieb Kapilas Bericht nicht ohne Folgen: Der staatliche sudanesische Rundfunk bezichtigte ihn, einen Haufen Lügen zu verbreiten. Er habe die Grundsätze der Vereinten Nationen aufgegeben und lasse die notwendige Neutralität gegenüber dem Konflikt vermissen. Angeblich hatten die Regierung und die UNO sich darauf verständigt gehabt, die Mission Mukesh Kapilas vorzeitig zu beenden.

Heute spricht die UNO im Sudan endlich von «ethnischer Säuberung». Dies ist mit ein Verdienst der Öffentlichkeitsarbeit des christlichen Hilfswerks «Christian Solidarity International» aus der Schweiz.

Doch ein sicher ebenso großes Verdienst stellt der Freikauf von Sklaven dar, den CSI organisiert hat. 84 000 Sklaven wurden im Sudan durch die Arbeit von CSI freigekauft. Viele von ihnen wurden interviewt und registriert. Diese Dokumentation erzeugte internationalen Druck, so dass die sudanesische Regierung in den folgenden Jahren freiwillig mehrere zehntausend Leibeigene ziehen ließ.

Die massiven Sklavenjagden im Südsudan haben aufgehört – auch dank der Arbeit von CSI. Doch diese Sternstunde wird getrübt: Die sudanesische Regierung hat in Darfur längst einen neuen Kriegsschauplatz eröffnet.

Das Werk aus der Schweiz erlebt im größten Land Afrikas sowohl einen traumhaften Höhenflug als auch einen knallharten Tiefschlag. Einerseits lässt die Regierung nämlich aus eigenem Antrieb Sklaven aus dem Süden frei – die es offiziell ja noch immer gar nicht gibt –, und andererseits betreibt das brutale Regime eine «ethnische Säuberung» im Westen des Landes und verschleppt dort andere Menschen in die Versklavung.

Viele Jahre hindurch hatte die sudanesische Regierung abgestritten, etwas mit der Sklaverei zu tun zu haben. Aber dann musste sie doch eingestehen, dass es zumindest zu «Entführungen» von Frauen und Kindern gekommen ist.

Gunnar Wiebalck meint dazu: «Man vermeidet ganz bewusst das Wort ‹Sklaverei›, denn dabei würde es sich ja um ein Verbrechen gegen die Menschlichkeit handeln. Und die internationale Staatengemeinschaft wäre dann zu Maßnahmen gegen eine Regierung gezwungen, die sich eines solchen Verbrechens schuldig macht.»

Was meines Erachtens im Falle des Sudans seit rund zwei Jahrzehnten der Fall ist!

27. Der große Tag der Freilassung

Das Regierungskomitee zur «Ausrottung der Entführung von Frauen und Kindern» (CEAWC) hat laut Gunnar Wiebalck in den letzten Jahren keinerlei Ergebnisse vorweisen können, «bis wir nun im April 2004 Zeugen wurden, dass durch das Komitee – auf erheblichen Druck hin – tatsächlich über fünfhundert Sklaven freigelassen wurden. Das war wirklich eine Sternstunde unserer Arbeit, denn hinter dieser ganzen Entwicklung stand CSI. Nie und nimmer hätte die Regierung sonst auch nur einen einzigen der Sklaven in die Freiheit entlassen.» Und sie schon gar nicht in deren Heimat zurückgebracht.

Bei der Rückführung der Sklaven handelte es sich um einen Konvoi von sieben wrackähnlichen Lastwagen mit arabischen Fahrern. Vorneweg fuhren klimatisierte Landcruiser, besetzt mit nervösen Arabern, Mitgliedern des besagten Komitees, die eine große weiße Fahne an ihren Fahrzeugen hatten, um damit die friedlichen Absichten zu signalisieren.

Wiebalck: «Dahinter fuhren dann die Lastwagen, voll gepfercht mit Frauen, Kindern und jungen Männern, die alle im Lauf der Jahre arabisiert und islamisiert worden waren. Die Frauen trugen Schleier, die Kinder sprachen nur Arabisch. Sie hatten arabische Namen und waren oft von arabischen Vätern gezeugt worden. Dieser ganze dramatische

Auszug war ein Ergebnis unserer Bemühungen. Mit unserer Arbeit haben wir die Hand Khartums geführt. Darum bezeichne ich das als unsere Sternstunde.»

Die Ankunft dieses Konvois war für die Mitarbeiter von CSI sehr bewegend, und Gunnar Wiebalck erzählt:

Tief stand die Sonne über dem Horizont, die Hitze des Tages wich. Den ganzen Tag waren wir auf der Ladefläche eines uralten Steyr-Puch-Militärlastwagens durch die Steppenlandschaft gerumpelt, immer in Richtung Norden, so nahe zum arabischen Grenzfluss wie nie zuvor. Jetzt stand der Motor, die letzten Dieselschwaden hatten sich in der klaren Abendluft aufgelöst. Unter unseren Begleitern, darunter auch einige Soldaten der Sudanesischen Volksbefreiungsarmee (SPLA), herrschte angespannte Ruhe. Sie versicherten uns, dass wir noch an diesem Tag eine fast unglaubliche Premiere erleben würden: die Ankunft von mehr als fünfhundert Sklaven mittels geländegängiger Fahrzeuge, organisiert von der Regierung des Sudans!

Wir wurden nicht enttäuscht. Kurz vor Sonnenuntergang hörten wir Motorengeräusche. Aus den Akazienbüschen in der Ferne löste sich ein Gefährt, das sich beim Näherkommen als moderner Toyota-Landcruiser entpuppte. In einer Sandfontäne kam er zum Stehen. «As-salama Aleikum» («Friede sei mit Euch») – sechs stämmige, in wallende Dschellabas gehüllte Araber waren dem klimatisierten Wagen entstiegen und begrüßten uns.

Wir verspürten ein mulmiges Gefühl im Magen: Das hier waren Agenten Khartums, die erstmals einen Fuß in Feindesland setzten. Einer der Männer zückte ein Satellitentelefon und nahm Kontakt mit der nachfolgenden Lastwagenkarawane auf. Dann, kurz vor Einbruch der Dunkelheit, war es so weit. Sieben schwere Transporter rollten heran, mit wehenden Fahnen, die friedliche Absichten signalisieren sollten. Die Bretterverschläge waren voll gepfercht mit Sklaven, mindestens fünfzig Personen pro Fahrzeug. Anders als den stumm dahockenden Müttern und Kindern war den jungen Männern die mörderische Wüsten-

fahrt kaum anzumerken. Sie hatten uns erblickt, waren alle aufgestanden und reckten die Hände in die Höhe. Erstaunlich, dass die staubigen, ausgetrockneten Kehlen zu so einem ungeheuren Jubel fähig waren: «Halleluja, Halleluja, Halleluja.»

Menschen waren der Sklaverei entkommen und kehrten in die längst verloren geglaubte Heimat zurück, unter zähneknirschender Mitwirkung eines Terror-Regimes, das zwei Millionen Menschen auf dem Gewissen hat. Es war eine Sternstunde der zehnjährigen CSI-Arbeit im Sudan. Wir winkten zurück und waren glücklich, dabei zu sein.

Regierungspropaganda

Natürlich wissen wir, dass diese spektakuläre Aktion der Regierung nur wenig mehr als eine Propagandaschau ist. Mit der Rückführung von einigen Hundert «Entführten» – das Wort «Sklaven» wurde auch jetzt noch peinlichst vermieden – wollte das Khartumer Regime seine Humanität beweisen. Dabei hält man weiterhin Zehntausende von Sklaven fest und streitet das Verbrechen gegen die Menschlichkeit nach wie vor kategorisch ab. Die erfolgte Freilassung der Sklaven durch Khartum sollte aber nicht nur die Weltöffentlichkeit beruhigen. Auch die Europäische Union und die UNICEF, die seit Jahren das schwerfällige Regierungskomitee zur «Abschaffung der Entführung von Frauen und Kindern» finanziert hatten, sollten endlich einen messbaren Gegenwert für ihre bereits bezahlten Dollarmillionen erhalten.

Noch zwei Stunden lang fuhren wir durch die Nacht. Möglich war das nur mit Hilfe von zwei an der Stoßstange befestigten Taschenlampen. Sie waren hell genug, um dem Fahrer den Weg durch den Busch zu leuchten. Schließlich kampierten wir irgendwo in der Wüste. Überall um uns herum flackerten die Lagerfeuer der befreiten Sklaven. Erst jetzt sahen wir, dass auch ein Traktor mit einem mehrere Tausend Liter Wasser fassenden Behälter mitgefahren war. Lange Reihen von verschleierten Frauen standen in der Dunkelheit und füllten ihre Trinkwasserbehälter mit dem lebenswichtigen Nass. Dann fielen wir erschöpft in einen traumlosen Tiefschlaf.

Ein triumphaler Empfang

Am nächsten Tag, es war der 1. April 2004, erreichte die Sklavenkarawane die Marktstadt Warawar. Die Einheimischen bereiteten den Rückkehrern einen triumphalen Empfang. Hunderte von bunt gekleideten Frauen umrundeten die zum Stehen gekommenen Lastwagen im Laufschritt. Sie stießen schrille Schreie aus, schwenkten farbige Tücher, Stöcke mit Büscheln aus Ziegenhaar und Palmzweige. Dazu waren sämtliche Trommeln der Umgebung erwacht. Ängstliche Kinderaugen blickten auf die Menge hinab. Durch ein dichtes Menschenspalier legten die Lastwagen das letzte Stück bis zum schattigen Lagerplatz zurück. «Bis hierher reicht das Geld, das uns die Regierung für die Verpflegung der Menschen mitgegeben hat», erläuterten die Agenten dem Dinka-Empfangskomitee. «Jetzt müsst ihr selber für eure Leute sorgen.»

Auf einem noch am selben Tag einberufenen Krisen-Treffen mit Vertretern von Hilfswerken wurde zwar viel guter Wille erkennbar, aber es fehlte das Budget für eine Erstversorgung der Neuankömmlinge. Doch CSI war vorbereitet. Auf dem Markt besorgten wir zwei ausgewachsene Ochsen, zum Stückpreis von 250 US-Dollar. Die Händler von Warawar, mit denen wir seit Jahren zusammenarbeiteten, schleppten Säcke mit Gemüse und Hirsegetreide herbei, dazu Bratöl und Datteln. Noch am Abend waren überall wieder Feuerstellen entstanden, in rußgeschwärzten Töpfen brodelten Fleischbrocken und Zwiebeln.

Die Todesangst fuhr mit

Einen solchen Empfang hatten die ehemaligen Sklaven nicht erwartet. Auf unsere Nachfragen hin wurde deutlich, dass ihnen rabiate Araber im Norden zu Beginn der langen Reise noch Todesangst eingeflößt hatten. «Ihr werdet diese Fahrt nicht überleben. Selbst wenn ihr es schafft, in den Südsudan zu kommen, werdet ihr massakriert. Dort gibt es nichts als Mord und Totschlag – es ist besser, ihr bleibt.»

Bis zuletzt war ihre Abreise aus der im Nordsudan gelegenen Stadt Meiram ungewiss gewesen. Die Empörung der früheren Besitzer der Frauen hatte sich nach einem fanatischen Freitags-

gebet eines Imams zu rasender Wut gesteigert. Es sei gegen Allahs Gebote, Kinder von arabischen Vätern in die Hände der «Ungläubigen» fallen zu lassen.

Wir erfuhren auch, dass einer der Sklavenbesitzer der Lastwagenkarawane heimlich gefolgt war. Regierungsagenten hatten ihm seine Konkubine und vier Kinder, deren leiblicher Vater er war, zum Rücktransport weggenommen. Als die Mutter den Lastwagen beim Überqueren des Grenzflusses kurz verlassen musste, tauchte ihr vormaliger Herr plötzlich auf und riss ihr eines der Kinder weg. «Es stirbt, wenn ihr mir zu nahe kommt», drohte der Vater und hielt dem eigenen Kind ein Messer an den Hals. Die verzweifelte Mutter musste mit ansehen, wie die beiden auf der nördlichen Uferseite verschwanden.

Gottes Wille geschehe

Doch jetzt lagen die Schrecken hinter den Rückkehrern. Andächtig aßen sie die erste kräftigende Mahlzeit seit langem. Die Kinder streckten ihre Hände nach mehr Datteln aus. Es gab für jeden genug. Am nächsten Tag machten sich die ersten Befreiten bereits auf den Weg in ihre Dörfer. Die meisten der Frauen trugen ein Kopftuch, einige waren sogar verschleiert: ein seltsamer, ja unheimlicher Anblick hier im Land der Dinkas, denen diese Sitte fremd ist. Auch den überall im Sand spielenden Kindern waren ihre arabischen Väter deutlich anzusehen. Selten ist die Absicht der Regierung, den Süden des Sudans zu islamisieren, so augenfällig geworden wie hier im Empfangslager der Marktstadt Warawar. Etwas abseits sprachen die Mitglieder des Regierungskomitees mit dem SPLA-Kommandanten. Gestikulierend versprachen sie die baldige Ankunft weiterer Entführter. Im Schatten einer Akazie spielte ihr Fahrer mit den Schlüsseln des Luxus-Geländewagens.

Unwillkürlich musste ich daran denken, dass nicht der Mensch, sondern alleine unser himmlischer Vater die Geschicke von Nationen in den Händen hält. Seine Hilfe wollen wir auch bei allen unseren zukünftigen Aktionen erflehen, allein sein Wille möge geschehen.

So weit der Bericht von Gunnar Wiebalck.

Diese fünfhundert Menschen sind nicht einfach ein paar weitere Nummern in der CSI-Statistik oder ein paar reißerische Bilder fürs Fernsehen. Es sind Menschen mit ihren eigenen Schicksalen; mit Geschichten, die der von Helena Adelino sehr ähnlich sind. Nur dass Helena anders in die Freiheit gelangte.

Mit großem Einsatz kaufte CSI Sklaven frei und machte die «ethnische Säuberung» der Al-Baschir-Militärregierung publik. Die Bilder sorgten dafür, dass sich die Schweiz und andere Nationen einschalteten. Bern organisierte Friedensgespräche, Washington machte Druck auf Khartum – und das kleine Schweizer Hilfswerk machte Weltpolitik.

Der Druck auf die sudanesische Regierung entstand insbesondere durch die CSI-Kampagnen. Diese waren mit dafür verantwortlich, dass die US-Regierung Ende 2001 eine große Friedensinitiative startete. Dies bremste die Sklavenjagden im Süden massiv, und viele arabische Sklavenhalter lassen seither die Menschen frei, ohne dass sie dafür ein Lösegeld erhalten. Denn seit die Regierung die Sklaverei offiziell verurteilt, fürchten sich manche Besitzer, dass sie eines Tages angeklagt werden, weil sie Sklaven halten.

Allzu hoch darf der Friedensvertrag aber nicht eingeschätzt werden. Denn auch 2004 donnern die Bomberstaffeln aus dem Norden über Darfur hinweg und öffnen ihre Bombenschächte; Dörfer werden überfallen und Kinder versklavt …

Aufgeben will CSI-Gründer Hansjürg Stückelberger nicht: «Wir bleiben im Sudan, bis der letzte Gefangene freigekommen ist.»

28. Ein Hoffnungsträger in der Not

Eines der größten Probleme für die Bevölkerung des Süd- und Westsudans ist die mangelnde ärztliche Versorgung. Oft befindet sich in einem Umkreis von vielen Kilometern kein Arzt, und bis die Menschen Hilfe finden, ist es meist schon zu spät.

Doch es gibt immer wieder auch Hoffnungsträger in diesem anscheinend verlorenen Landstrich.

Einer ist Dr. Luka Deng. Der im Südsudan geborene Arzt studierte in Kairo Medizin und ließ sich dann in England nieder. Die Katastrophe, die sich in seinem Land vollzog, erlebte er zunächst aus sicherer Distanz. Doch dann lernte er im Jahr 2001 CSI kennen und nahm von da weg an allen Reisen der Organisation teil. Man nahm Medikamente mit, und er begann, sie unter einem Baum an die Bevölkerung zu verteilen. Später wurde dann immerhin ein Zelt für den Arzt und seine Patienten aufgestellt, und schließlich kam noch ein Behandlungstisch für kleinere Operationen dazu. Nach westlichen Maßstäben sind das unzumutbare Zustände, für die Südsudanesen in der Provinz Aweil Ost ist es aber die Rettung in größter Not. In einem Umkreis von fünfundzwanzig Kilometern ist der Arzt der einzige medizinische Ansprechpartner.

Im Jahr 2002 war Dr. Dengs Arbeit so weit expandiert, dass zwei Rundhütten von CSI finanziert wurden, die als Operationsraum dienen konnten. Mit der Zeit kam mittels Batterien noch Strom hinzu, und bis heute wird auf dem mittlerweile eingezäunten Gelände gebaut und erweitert. Das Wichtigste, das es für die Klinik noch anzuschaffen gäbe, wäre fließendes Wasser.

Die meisten Menschen, die zu Dr. Deng kommen, leiden an Infektionskrankheiten und können mit Medikamenten behandelt und auch geheilt werden. Die schwereren Fälle müssen allerdings in das neunzig Kilometer entfernte

Krankenhaus der «Ärzte ohne Grenzen» gebracht werden. An manchen Tagen behandelt Dr. Deng bis zu 175 Patienten. Dabei steht ihm sein Neffe Bono hilfreich zur Seite. Bono ist jung und kräftig, so um die zwanzig Jahre alt. Er arbeitet für Dr. Deng als Mann für alles. «Ich möchte mich weiterbilden», wünscht er sich. «Doch ich kann nicht.» Wegen des Krieges. Es ergeht hier vielen wie Bono. Die Männer müssen die SPLA verstärken. Diese verhindert das Vorrücken der muslimischen Regierungsmilizen und dämmt die damit verbundenen Vertreibungen durch das Regime ein.

«Am späten Nachmittag kamen jeweils die Antonows, bis zu Beginn dieses Jahres», erzählt Dr. Deng. Es sind alte russische Frachtflugzeuge, von den Regierungstruppen zu ineffizienten Bombern umgebaut. In den letzten paar Jahren seien sie immer wieder gekommen. Aber weil diese schwerfälligen Brummer schon von weitem zu hören waren, konnten sich die Bewohner jeweils in Sicherheit bringen. Und bei den weit verstreuten Hütten und der Ortsunkenntnis der Piloten – der Norden hat seit Jahrzehnten keinen Einblick mehr in den Süden – wurde die Kriegsmunition aufs Geratewohl durch die Bombenschächte gelassen. Dieser Krieg könnte auf diese Weise «ewig» dauern.

Eine gewisse Gefahr stellen die Antonows trotzdem immer noch dar, und so lässt Dr. Deng – der aus der näheren Umgebung stammt – seine Familie in London wohnen. Man wisse nie, ob und wann die Bomber zurückkommen. Gemäß der Menschenrechtsorganisation «Amnesty International» werden auch Splitterbomben eingesetzt. Diesem Risiko will der Arzt seine Familie nicht aussetzen. «Wenn ich sterbe, dann bleibt wenigstens meine Familie am Leben. Aber Gott ist groß. Bis jetzt ist mir noch nichts geschehen, obwohl einmal hundert Meter von mir entfernt eine Bombe explodiert ist und einen riesigen Krater hinterlassen hat. Zwischen 2002 und 2003 wurde die Region hier sogar bis zu zweimal am Tag bombardiert.»

So hofft auch Dr. Deng, wie alle seine Patienten, dass es in naher Zukunft Frieden geben wird und der Südsudan ein selbständiger, unabhängiger Staat werden kann. Nur das könne das Land wirklich befrieden. Bis es so weit ist, werden aber vermutlich noch viele Menschen sterben müssen …

29. Wie Omar al-Baschir die Welt für dumm verkauft

Im Sommer 2004 rückten die Gräueltaten Khartums für kurze Zeit ins Zentrum der internationalen Öffentlichkeit. Dadurch geriet Al-Baschirs Regierung unter Druck. Trotzdem gelang es ihm, sich über die Zeit zu retten. Sprich: eine Besserung so lange hinauszuzögern, bis das Interesse wieder abgeklungen war, um sie dann doch sein zu lassen.

«Wann, wenn nicht jetzt, wo es Beweise für Verbrechen gegen die Menschlichkeit in Darfur gibt, will die Kommission handeln?», fragt Joanna Weschler, UN-Beauftragte von «Human Rights Watch».

Statt eines Eingreifens geht das Morden aber weiter: Die Flüchtlingscamps im benachbarten Tschad werden von sudanesischer Seite beschossen. Es ist beinahe eine totale Apokalypse.

Bischof Cesare Mazzolari berichtet, dass auch Tausende in seine Diözese im südsudanesischen Rumbeck flüchteten. «Viele Menschen haben die Flucht nicht überlebt, und die, die hier angekommen sind, haben keine Nahrung, kein Wasser, rein gar nichts. Wir versuchen nach Kräften, ihnen zu helfen, aber wir haben selbst nicht genug, und die Flüchtlinge sterben wie die Fliegen.»

Die hier gesammelten diversen Pressemeldungen zeigen, wie die Taktik des Sudans, die Welt hinzuhalten, vollkommen aufgeht:

3. Juli 04 – «Milizen werden entwaffnet. Beginn sofort.»

Der Sudan hat der UNO die Entwaffnung der arabischen Milizen zugesagt, die in der westlichen Region Darfur über eine Million Menschen vertrieben haben.

Diese Zusage machte die sudanesische Regierung in einer nach Gesprächen mit dem UNO-Generalsekretär veröffentlichten Erklärung. Darin hieß es, die Regierung werde «sofort mit der Entwaffnung der Dschandschawid und anderer verbotener Gruppen beginnen». Gleichzeitig stimmte sie der Entsendung von Menschenrechts-Beobachtern zu.

Die UNO werde die Umsetzung der Zusagen prüfen, sagte Kofi Annan. «Wenn es ein Problem gibt, kümmern wir uns darum.»

30. Juli 04 – «Sudan lehnt UNO-Ultimatum ab.»

Der UNO-Sicherheitsrat hat in einer Resolution der sudanesischen Regierung eine Frist von 30 Tagen gesetzt, die Gräuel von Darfur zu unterbinden. Konkrete Strafmaßnahmen bei Nichterfüllung werden in der mit 15:13 Stimmen angenommenen Resolution aber nicht angedroht. Khartum will sich jedoch nicht daran halten: «Es schmerzt den Sudan, die Zurückweisung der UNO-Resolution auszusprechen, die nicht korrekt ist.»

31. Juli 04 – «Sudan will Massaker nicht stoppen.»

Die Regierung des Sudans hat die Forderung des UNO-Sicherheitsrats, die Gräuel in der Region Darfur zu unterbinden und die arabisch-stämmigen Dschandschawid-Milizen binnen dreißig Tagen zu entwaffnen, als unangemessen zurückgewiesen.

Die Resolution widerspreche Vereinbarungen mit der UNO, sagte ein Sprecher. Khartum sei bestürzt über die «Eile» des Sicherheitsrates. Der Sudan werde sich gegen die «Verschwörung feindlicher Mächte» zu verteidigen wissen.

Im Resolutionstext wurden dem Sudan lediglich nicht näher spezifizierte «Maßnahmen» angedroht. Für eine echte Sanktionsdrohung fand sich keine Mehrheit.

2. August 04 – «UN-Resolution ist eine Kriegserklärung.»

Die sudanesische Armee nennt die UN-Resolution eine «Kriegserklärung». Sie würde jede fremde Armee, die in den Westen des Landes gesendet würde, bekämpfen.

(Eben noch versprach der Sudan ja, die Milizen höchstselbst zu entwaffnen … General Mohammed Beschir Suleiman droht sogar mit einem heiligen Krieg: «Die Türe zum Dschihad ist offen, und wenn sie im Süden geschlossen ist, öffnen wir sie in Darfur.» [Siehe Al-Anbaa daily.])

5. August 04 – «Demo in Khartum.»

Zehntausende protestieren gegen die UNO-Resolution und einen möglichen Einsatz ausländischer Truppen. «US-Tyrannen, wir warten auf euch», heißt es auf Plakaten.

(Ob die Regierung auch eine Demo gegen die Sklaverei toleriert hätte?)

6. August 04 – «Wir entwaffnen bald.»

Die Regierung in Khartum kündigt die baldige Entwaffnung der Dschandschawid-Milizen in der westsudanesischen Konfliktregion Darfur an. Nach Angaben eines Polizeikommandanten sollen ab der folgenden Woche die Kämpfer ihre Waffen «auf freiwilliger Basis» der Polizei abgeben.

(Zur Erinnerung: In der Meldung vom 3. Juli verspricht die Regierung, sofort mit der Entwaffnung der Dschandschawid zu beginnen. Einen Monat später will man nun «bald» beginnen, und noch besser: «auf freiwilliger Basis»!)

9. August 04 – «Wir sind unschuldig!»

Der sudanesische Außenminister Mustafa Osman Ismail weist jede Verantwortung für die humanitäre Krise in der Region Darfur zurück. Im Nachrichtensender CNN sagt er, die Rebellen hätten diesen Krieg begonnen. Zugleich bestreitet er, dass seine Regierung die Reitermilizen kontrolliere: «Mit den Dschandschawid haben wir nichts zu tun.» Die Regierung bemühe sich um die Wiederherstellung der Ordnung in Darfur und kooperiere dabei mit den Vereinten Nationen.

10. August 04 – «Milizen morden noch immer weiter.»

Die UNO gibt bekannt, dass die Milizen weitermorden und in Norddarfur 35 Familien überfallen haben.

14. August 04 – «Zweifel an Erfüllung des UNO-Ultimatums.»

Die sudanesische Regierung hält nun eine Entwaffnung der arabischen Milizen in Darfur bis Ende des Monats für wenig realistisch. Sie tue aber ihr Bestes, das von der UNO verhängte Ultimatum zu erfüllen, erklärt Vizepräsident Ali Osman Taha in einem BBC-Interview.

Aber wegen logistischer Probleme könne unter anderem der Zeitrahmen kaum eingehalten werden. Er sprach sich zudem gegen den Einsatz internationaler Truppen in Darfur aus.

(Am 3. Juli hatte die Regierung einen sofortigen Beginn versprochen. Doch die Zusammenarbeit mit den Milizen ist offensichtlich: Die Regierung hätte doch längst einen Entwaffnungsfahrplan vorlegen können. Fazit: Das Spiel auf Zeit funktioniert. Die Medien interessieren sich kaum noch für den Sudan, die Schlagzeilen, die die Regierung des Sudans in Misskredit brachten, sind schon wieder verschwunden, das Interesse der Öffentlichkeit schmilzt dahin. Und der Druck nimmt dadurch ab.)

15. September 04 – «Chemiewaffen in Darfur?»

Syrische Einheiten haben laut der Wochenzeitung «Die Welt» chemische Waffen gegen die schwarzafrikanische Zivilbevölkerung in Darfur eingesetzt. Die Aktion, die Dutzende von Toten gefordert habe, sei in Absprache mit der sudanesischen Regierung erfolgt. «Die Welt» beruft sich auf Unterlagen westlicher Geheimdienste.

20. September 04 – «Drohung mit Sanktionen.»

Die sudanesische Regierung hat die neue UN-Resolution als sehr enttäuschend bezeichnet. Seine Regierung werde jedoch trotz der Resolution weiter mit den Vereinten Nationen zusammenarbeiten, um die Krise in Darfur zu lösen, erklärte Außenamtsstaatssekretär Mutrif Sadik. Der UN-Sicherheitsrat hatte dem Sudan am Samstag mit Sanktionen gegen seine lukrative Ölindustrie gedroht, sollte sich die Regierung in Khartum nicht stärker für eine Beilegung des Konflikts im Westen des Landes einsetzen.

18. November 04 – «Die Lage im Sudan ist verheerend.»

UN-Generalsekretär Kofi Annan hat auf der Sondersitzung des Weltsicherheitsrates in Nairobi den Sudan scharf angegriffen. Die Lage sei verheerend, vor allem in Darfur. Die Friedensvereinbarungen, die die UNO im Sommer 2004 mit dem Sudan ausgehandelt hatten, wären sowohl von den Regierungstruppen als auch von den Rebellen des Südens und Westens gebrochen worden. Die UNO tagt erst zum 4. Mal außerhalb New Yorks, womit die Bedeutung hervorgehoben werden soll, die die UNO mittlerweile diesem Konflikt beimisst.

Ob im Falle weiterer Kampfhandlungen Sanktionen folgen werden, ist noch offen.

9. Januar 2005 – «Vielleicht ist doch ein Ende in Sicht ...»

Falls der Friedensvertrag, der jetzt in der kenianischen Stadt Naivasha unterzeichnet wurde, tatsächlich eingehalten wird, könnte das der bisher größte Schritt in Richtung Frieden sein. Das islamistische Militärregime in Khartum und die Rebellen der Sudanesischen Volksbefreiungsarmee (SPLA) haben in diesem Abkommen tiefgreifende Vereinbarungen getroffen. Dessen Protokolle beinhalten unter anderem die weitgehende Autonomie des Südens mit der Möglichkeit, nach einer Frist von sechs Jahren über die völlige Unabhängigkeit abzustimmen.

Doch die Krisenregion Darfur betrifft keine dieser Vereinbarungen, und hier tobt weiter der Bürgerkrieg …

30. Der Sudan im Überblick

Hauptstadt: Khartum.

Staatsoberhaupt: Generalleutnant Omar Hassan Ahmad al-Baschir (1989 per islamistischem Militärputsch an die Macht gekommen).

Größe: 2 505 813 km² (zehntgrößtes Land der Erde, sieben Mal so groß wie Deutschland).

Bevölkerung: rund 32 Millionen; Wachstumsrate 2,9 Prozent; (40–50% Araber und arabisierte Ethnien im Norden, 50% Afrikaner aus 572 Ethnien im Süden); Bevölkerungsdichte 13 Einwohner pro Quadratkilometer; Stadtbevölkerung 33%; Analphabetismus 54%; Lebenserwartung Frauen 57 Jahre, Männer 55 Jahre.

Sprachen: Arabisch, Englisch, hamitische und nilotische Sprachen.

Religionen: 70 Prozent Muslime (Sunniten), 20 Prozent Animisten, 10 Prozent Christen.

Bruttoinlandsprodukt: ca. 11 Milliarden Euro.
Bruttosozialprodukt je Einwohner: ca. 360 Euro.

Gliederung: 26 Bundesstaaten, 66 Provinzen und 218 Bezirke.

Staatsform: Seit 1973 eine islamische Republik (unabhängig seit 1. Januar 1956).

Khartums Genozid-Kriege:
Süd-Sudan (seit 1983): 2 Millionen Tote. 5 Millionen auf der Flucht. 300 000 versklavt.
Darfur (seit 2003): zwischen 70 000 und 250 000 Tote. 1,7 Millionen auf der Flucht. Zahlreiche Menschen werden auch hier wieder versklavt, doch es gibt leider keine Zahlen darüber.

31. Zeittafel

Das antike Nubien (erstreckte sich ungefähr von Assuan bis Khartum) gilt als wesentliche Quelle der altägyptischen Zivilisation.

1000 v. Chr.: Nachdem Nubien von den ägyptischen Pharaonen unterworfen worden war, folgte der Gegenschlag. Die Nubier gewannen über die Ägypter die Oberhand.

712 bis 656 v. Chr.: Die Nubier herrschen über das gesamte Nilreich.

Bis 370: Die Sudanesen herrschen über ein Reich namens Kusch. Es soll neben Ägypten einer der ältesten afrikanischen Staaten sein.

18. Jh.: Das zum Osmanischen Reich gehörende Ägypten macht den Großteil des Sudans zu seiner Kolonie.

1881–1885: Aufstand und «heiliger Krieg». Mohammed Ahmed ibn Saijid Abd Allah sieht sich als gottgesandten Erlöser («Mahdi»).

1885–1898: Unabhängiger islamisch-theokratischer Staat.

1898: Aus imperialistischen Gründen erobert Großbritannien den Sudan.

1916: Britisch-ägyptische Truppen annektieren das unabhängige Sultanat Darfur.

1922: Ein Passgesetz trennt den Süden vom Norden als so genannten «Closed District», als geschlossenen Distrikt, ab.

1925: Im Gezira-Bewässerungsprojekt zwischen den beiden Nilarmen beginnt der Baumwollanbau für den Export.

1929: Die Truppen besiegen die Nuer. Per Deportation werden die verwandtschaftlich stark verbundenen Nuer von den Dinka geografisch getrennt.

1930: Ein britisches Dokument schildert die Aufgabe, «den Aufbau einer Reihe rassischer oder tribaler Einheiten, gegründet auf einheimischen Gebräuchen» zu schaffen.

1936: Ein britisch-ägyptischer Vertrag bestätigt die gemeinsame Kolonialherrschaft.

1947: Die Kolonialherren vereinbaren mit dem Nordsudan die Vereinigung mit dem Süden.

1953: Ein britisch-ägyptisches Abkommen leitet die Unabhängigkeit ein. Al-Azhari (National Unionist Party – NUP) wird der erste Premierminister.

1955: Meuterei und Aufstand im Süden.

1956: Der Sudan wird Mitglied der Arabischen Liga und der UN.

1958: Durch einen Militärputsch kommt General Ibrahim Abbud an die Macht. Vergeblich versucht er, im Süden die arabisch-islamische Kultur zwangsweise zu etablieren.

1959: Nilwasser-Abkommen mit Ägypten. Dem Sudan stehen fünfundzwanzig Prozent des Nilwassers zu.

1963: Im Süden werden diverse Guerillaverbände («Anyanya») aktiv.

1964: Ein Volksaufstand beendet das Militärregime. An seine Stelle kommt eine linke Übergangsregierung.

1965: Eine Konferenz mit sudanesischen Exilpolitikern scheitert. Die Umma und die NUP bilden die Regierung. / Die Regierung geht gegen den Süden vor, ohne die Zivilbevölkerung zu schonen.

1969: Militärputsch durch Mohammed Dschafar an-Numeiri.

1971: Ein kommunistischer Umsturzversuch scheitert. Die KPS wird zerschlagen.

27. 3. 1972: Das Addis-Abeba-Abkommen (Addis Abeba ist die Hauptstadt Äthiopiens) beendet den Bürgerkrieg. Der Süden wird teilautonom.

1980: Pastor Matthew feiert mit anderen Christen Weihnachten mittels einer Prozession. Die islamistische Regierung antwortet mit Tränengas!

1983: Numeiri erklärt die Scharia zur Rechtsgrundlage und islamisiert das Strafrecht. Die Teilautonomie wird aufgehoben und der Frieden damit gebrochen. / Der Bürgerkrieg unter Führung von John Garang und seiner SPLA wird wieder aufgenommen. Vereinzelte Guerillagruppen schließen sich zu dieser Bewegung zusammen.

1985: Ein Volksaufstand setzt ein. Die obersten Militärs setzen An-Numeiri ab.

1987: Wahlsieger Sadiq al-Mahdi intensiviert die Kämpfe gegen den Süden. Dabei wird er von Libyen und Saudi-Arabien unterstützt.

1989: Islamistischer Militärputsch. Omar al-Baschir leitet den revolutionären Kommandorat. Zusammen mit dem islamistischen Scharfmacher Hassan al-Turabi bilden die beiden eine zivil-militärische Doppelführung. Al-Baschir verbietet außer seiner regierenden «National Islamic Front» (NIF) alle anderen politischen Parteien. Die Opposition im Norden gründet die «Nationale Demokratische Allianz» (NDA).

1990: In nur zwei Jahren hat der Sudan seinen Verteidigungshaushalt verdoppelt. Trotz des Hungers im Süden. Khartum verkauft eine halbe Million Tonnen Getreide und Futtermittel an Saudi-Arabien und auch an die Europäische Union. Auf Kosten der notleidenden Bevölkerung wird der Bürgerkrieg finanziert.

1991: Der Sturz des äthiopischen Regierungschefs

schwächt die SPLA. Diese spaltet sich. Das Scharia-Strafgesetz wird eingeführt.

Osama bin Laden lebt mittlerweile im Sudan. Khartum isoliert sich von der internationalen Gemeinschaft durch die Unterstützung von Islamisten, durch massive Menschenrechtsverletzungen und durch Parteinahme für den Irak im Golfkrieg 1991.

Sudans Stellungnahme für den Irak bringt eine Annäherung zu Libyen und dem Iran. Mit der Gründung der «islamischen Achse Khartum – Teheran» wird der Iran bedeutendster Partner des Sudans bei der Bekämpfung des Südens des Landes. Der Iran verspricht sich mehr Einfluss in Afrika.

7. Januar 1992: Die Regierung erklärt den Bürgerkrieg zum «heiligen Krieg». Der «Dschihad» gilt dem Süden und den Nuba-Bergen. Dies bedeutet: Zerstörung der Äcker, Plünderungen, Diebstahl von Vieh und Vorräten, Vertreibungen, Vergewaltigungen, Versklavungen und Morde. Der Krieg im Süden sei von «Christen und Zionisten angezettelt worden», lässt Khartum verlauten.

1992: Der Sudan wird vermehrt zum Ausbildungszentrum islamistischer Aktivisten. Tunesien und Algerien brechen die diplomatischen Beziehungen ab.

1993: Die USA erklären den Sudan zum «Schurkenstaat».

1994: Der 1993 eingesetzte UN-Sonderberichterstatter Gaspar Biro berichtet bereits über organisierte Verschleppungen. Noch im gleichen Jahr weist er darauf hin, dass Khartum humanitäre Hilfe gezielt verhindert.

Der Sudan wird in 26 Bundesstaaten aufgeteilt. Die Gouverneure werden aber nicht vom Volk gewählt, sondern von Khartum eingesetzt.

1995: Die NDA einigt sich mit der SPLA auf eine Selbstbestimmung des Südens.

1996: Die Opposition boykottiert die Wahlen des Parlaments und Präsident Baschirs.

Osama bin Laden verlässt den Sudan wieder.

UNO-Mitarbeiter berichten, dass bei der ethnischen Säuberung auch Splitterbomben eingesetzt werden.

Fragwürdiges Jubiläum: Vor vierzig Jahren erklärte die UNO die Sklaverei für abgeschafft. Während der UNO-Mitgliedsstaat Sudan gleichzeitig immer noch Tausende von Menschen in die Sklaverei verschleppt...

CSI ist eine der wenigen westlichen Organisationen, die den Bahr el-Ghazal besucht. Für die UNO ist es eine «No-Go-Zone»: Die Regierung Khartums will hier keine Zeugen haben.

14. Januar 1997: Der Sudan ruft alle arabischen und islamischen Länder zur Hilfe auf. Denn «das südliche Tor der arabischen Welt werde von zionistisch geführten Kräften bedroht». Ägypten weist das als unbegründet zurück.

Seit 1995 wirft Ägyptens Staatschef Hosni Mubarak dem Sudan vor, den Frieden und die Sicherheit Ägyptens zu gefährden. Denn die Luxor-Attentäter waren wahrscheinlich im Sudan ausgebildet worden.

6. Juni 1997: Die Regierung bestätigt den Dschihad.

20. August 1998: Als Vergeltung für die Bombenattentate in Nairobi (Kenia) und Daressalam (Tansania) vom 7. August lässt US-Präsident Bill Clinton die Fabrik Al-Chifaa Pharmaceutical Cooperation in Khartum-Bahri zerstören. Dort seien Chemiewaffen hergestellt worden, sagt Washington der staunenden Welt.

1998: Die islamische Verfassung tritt in Kraft.

«Amnesty International» schätzt die Anzahl Vertriebener im Südsudan auf 4,5 Millionen Menschen. Der Deutsche Bundestag kam bereits im Vorjahr auf fünf Millionen Vertriebene und eine halbe Million, die ins Ausland flüchtete. Er spricht von einem schleichenden Genozid.

Die Zahl der in den Nuba-Bergen lebenden Nuba ist von drei Millionen auf 400 000 Menschen gesunken.

1999: Erste Erdölexporte aus dem Sudan.
Die EU nimmt den Dialog mit Khartum auf.
Baschir löst das Parlament auf und erklärt den Notstand.

2004: Der Vernichtungskrieg gegen den Süden kostet zwei Millionen Menschen das Leben, rund fünf Millionen mussten flüchten.

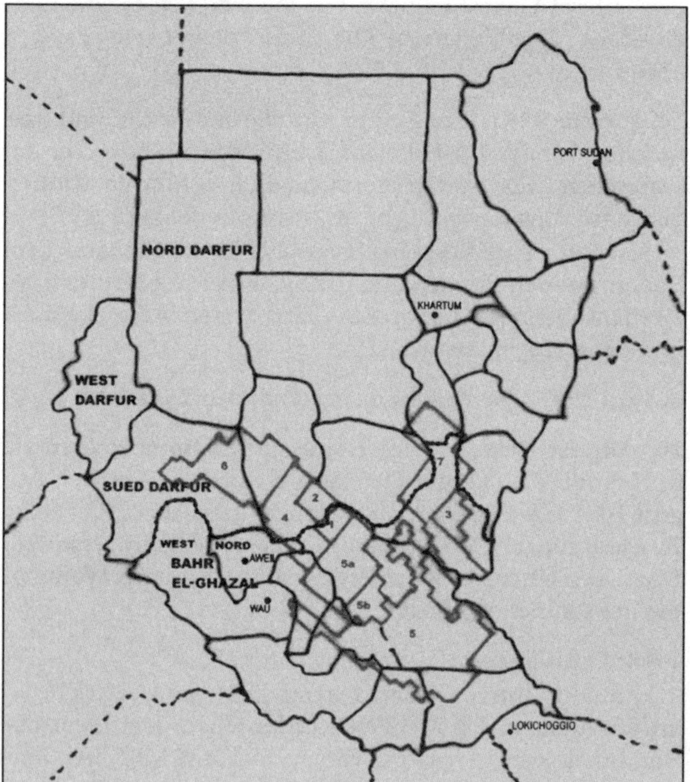

Der Sudan

Der Autor Daniel Gerber umringt von sudanesischen Kindern

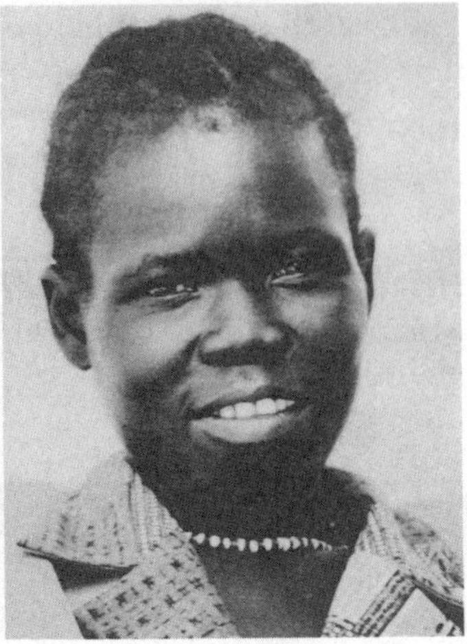

Helena Adelino

Helena und ihre beiden kleinsten Kinder

Das «Wartezimmer» von Dr. Luka Dengs Wüsten-Klinik

Dr. Dengs Neffe Bono
(siehe Seite 108)

Eine kleine Spaziergängerin im sudanesischen Wüstensand

Der Autor Daniel Gerber mit Dr. Dengs «Medical Assistant»

Adut Adam, wie Helena ehemalige Sklavin, mit ihrer Familie

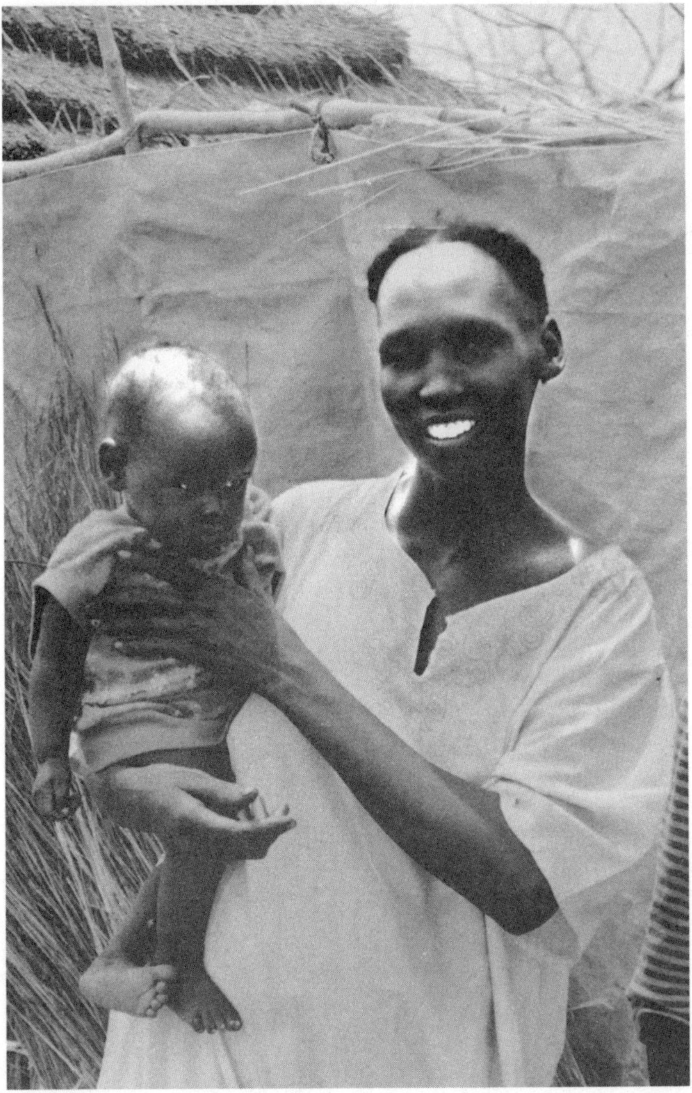

Adut Adam wurde als 5-Jährige verschleppt, war danach 15 Jahre Sklavin, hat von ihrem Sklavenhalter sechs Kinder (von denen fünf freikamen) – und ist heute glücklich über ihr neues Leben in Freiheit. Daniel Gerber machte mehrere Interviews mit ihr.

Helena Adelino mit ihren zwei Kleinsten und einem «Millennium»-Maxi-Shirt!

Helena und der Dolmetscher/Übersetzer William (siehe Seite 21). Helena spricht nur Arabisch.

So sehen Sudans Dörfer aus.

Dr. Luka Deng und Daniel, sein «Medical Assistant», in der Rundhütten-Klinik (siehe Seite 107). Dr. Deng ist der einzige Arzt im Umkreis von 25 Kilometern.

Impressionen an einem heißen Tag ...

Helena in ihrer Küche unter freiem Himmel

Helena und das Monster aus einer anderen Welt ...

Unsere guten Gedanken sind mit dir, Helena!